I0644001

Kohlhammer

Metalbook, Vol. 5

Herausgegeben von Peter Pichler
Eine Übersicht aller lieferbaren und im Buchhandel angekündigten Bände der Reihe finden Sie unter:

https://shop.kohlhammer.de/metalbook

Der Autor

Kilian Baur forscht zur Geschichte des mittelalterlichen Nordeuropa, zur Geschichtsschreibung des Mittelalters und zur Verarbeitung des Mittelalters in der Popkultur. Irgendwo zwischen Grunge, Hardcore und Metal sozialisiert, konnte er keine musikalische Karriere begründen – weder am Bass mit seiner Jugendband Equality in Death noch am Cello mit einer von Apocalyptica inspirierten Metalband. Also studierte er in Würzburg, Kopenhagen und München, wo er 2017 promoviert wurde. Das prekäre Dasein als Nachwuchswissenschaftler trieb ihn an die Universitäten in Rostock, Eichstätt und Tübingen und dürfte ihn noch weiter herumführen. Dem Metal hält er die Treue – mal als Fan, mal als kritischer Beobachter. (Foto: Christin Büttner.)

Kilian Baur

Dark Medieval Times

Das Mittelalter im Metal

Verlag W. Kohlhammer

Umschlagabbildung: Amerigo_images – stock.adobe.com

1. Auflage 2026

Gesamtherstellung:
W. Kohlhammer GmbH, Heßbrühlstr. 69, 70565 Stuttgart
produktsicherheit@kohlhammer.de

Print:
ISBN 978-3-17-044725-7

E-Book-Formate:
pdf: ISBN 978-3-17-044726-4
epub: ISBN 978-3-17-044727-1

Inhalt

1
Intro: Das Mittelalter im ZDF-Fernsehgarten

Deutschland im August 2021. Um die Ausbreitung von Corona zu verhindern, wird wie bereits im Jahr zuvor ein Festival nach dem anderen abgesagt. Das ZDF hat die Idee, unter dem Motto „Sommerfestival" neue Zielgruppen für die vor allem beim älteren Publikum beliebte Sonntagssendung ZDF-Fernsehgarten zu erschließen. Üblicherweise heißt die Moderatorin Andrea „Kiwi" Kiewel hier Acts wie Hansi Hinterseer, DJ Ötzi oder Andreas Gabalier willkommen, heute moderiert sie die Band Feuerschwanz an. In ihrem Song „Das elfte Gebot" fordern sie das Publikum auf, das Leben in vollen Zügen zu genießen, denn schon morgen könne der Tod eintreffen. So sehr die Botschaft zum typischen Publikum des Fernsehgartens passen mag, so untypisch sind die Klänge verzerrter Gitarren und die Kostümierung der Band. Sänger Peter Henrici, „Hauptmann" genannt, trägt Brustharnisch und Schulterpanzer, auf dem Kopf eine Kettenhaube und erinnert an einen mittelalterlichen Soldaten. Das Mittelalter auf der Bühne des ZDF-Fernsehgartens – und das zu den Klängen von Metal.

Dem Auftritt folgten Vorwürfe aus den jeweiligen Szenen. Mit ihrem Auftritt im Mainstream-Fernsehen hätten Feuerschwanz das Mittelalter oder den Metal verraten, zumal es nicht das erste Mal war, dass sie auf dem Lerchenberg auftraten. Es scheint schwer, sich einzugestehen, dass Metal, Mittelalter und beides in Kombination im Mainstream angekommen sind. In kommerziell erfolgreichen Filmen, Büchern und Computerspielen lässt das Mittelalter seit langem die Kassen klingeln – aber im Metal? Ist das nicht eine Subkultur mit einem ganz besonderen Draht zum Mittelalter, der so ganz anders ist als der des Mainstreams? ZDF-Fernsehgarten und Feuerschwanz erschienen wie Komplizen, die den Metal seines Rebellentums und seines besonderen Zugangs zum Mittelalter beraubten.

Ganze Subgenres des Metal sind nach dem Mittelalter an sich oder einzelnen Aspekten benannt, zu denen wiederum einschlägige Festivals existieren. Mittelalterrocker vergnügen sich auf dem *Feuertanz Festival*, Pagan und Viking Metaller kommen bzw. kamen auf dem *Heidenfest*, dem *Paganfest* oder dem *Ragnarök Festival* zusammen. Und auch sonst geizen Metalbands nicht mit Verweisen auf das Mittelalter. Auf den Albencovern wimmelt es nur so von Burgen, Kriegern, Wikingerschiffen und mittelalterlicher Kunst. Die Texte erzählen von Schlachten, Sagen oder gleich ganzen Biografien mittelalterlicher Menschen. Eine der bekanntesten und erfolgreichsten Heavy-Metal-Bands hat sich nach dem wohl bekanntesten „mittelalterlichen" Folterwerkzeug benannt: Iron Maiden (bei der Eisernen Jungfrau handelt es tatsächlich um eine neuzeitliche Erfindung). Auf der Bühne tragen Musikerinnen und Musiker mittelalterlich anmutende Kleidung, lassen Reenactment-Gruppen auftreten und machen ihre Musik auf „mittelalterlichen" Instrumenten. Auf dem weltgrößten Metalfestival, dem *Wacken Open Air*, gibt es ein eigenes „Wackinger Village" mit zugehöriger Bühne. Auf der Webseite heißt es dazu:

> [A]uf der Wackinger Stage geben sich Künstler aus Genres wie Mittelalter-Rock, Pagan Metal oder Folk die Ehre, während an den Bars Met ausgeschenkt wird und sich auf dem Schlachtfeld Recken in voller Rüstung entgegentreten. Mit dem Wackinger Village hat das *Wacken Open Air* sein eigenes Mittelalterevent im Festival![1]

Mittelalter als Marketing: Marktatmosphäre, Klosterschänke, Reenactment-Gruppen, die sich mal als Ritter und mal als Wikinger gegenseitig mit Schwertern beharken – für die Veranstalter des Festivals ist ein solcher Mittelalterbereich ein geeignetes Mittel, um noch mehr Publikum in die norddeutsche Provinz zu locken.

Metal und Mittelalter, das gehört zusammen. Warum ist das so? Die große inhaltliche Bandbreite an mittelalterlichen Bezügen in der Subkultur zeigt an, dass es den einen Grund für die Mittelalterbegeisterung im Metal wohl nicht gibt.

Vielleicht hilft es zunächst festzustellen, dass diese Liaison von Mittelalter und Metal gar nicht so besonders ist. Wir sind im Alltag geradezu umzingelt vom Mittelalter, ohne dass wir uns dessen immer bewusst sind. Offensichtlich mittelalterlich sind Gebäude wie Burgen, Kirchen, manche Fachwerkhäuser oder Stadtmauern. Weniger offensichtlich präsent ist das Mittelalter in Form von Institutionen. So gehen viele der heutigen Universitäten auf das Mittelalter zurück. Beim Aufsetzen einer Brille ist uns noch weniger bewusst, dass sie eine mittelalterliche Erfindung ist. Das Mittelalter ist quasi überall, und so ist es naheliegend, sich damit zu beschäftigen. Und das anhand von Geschichten aus dem Mittelalter und über das Mittelalter zu tun, ist nicht neu. Die Legenden um König Artus beispielsweise wurden seit dem Mittelalter in der höfischen Literatur und später in Filmen, Comics und historischen Romanen so sehr durchgekaut, dass die britische Comedy-Gruppe Monty Python 1975 die Artussage und das auf ihr basierende Film-Mittelalter mit anarchischer Freude zerlegen konnte. Das Gleiche gilt für viele weitere Stoffe, etwa Robin Hood, Prinz Eisenherz und die Wikinger.

Wenn das Mittelalter überall zu finden ist, dann natürlich auch in der Musik. Allerdings sind nur wenige Melodien aus dem Mittelalter überliefert. Diese werden oft von studierten Musikerinnen und Musikern mit Nachbauten mittelalterlicher Instrumente aufgeführt, mit möglichst authentischen Spieltechniken und Improvisationen, an entsprechenden Aufführungsorten. Man will sich dem Klang annähern, den die Musik zum Zeitpunkt ihrer Entstehung gehabt haben könnte. Klassische Musik hingegen wurde zwar nicht im Mittelalter komponiert, beschäftigt sich dennoch oft mit ihm: Mit den bekannten *Carmina Burana* hat Carl Orff Gedichte und Lieder aus der gleichnamigen mittelalterlichen Handschrift vertont. Das Werk Richard Wagners strotzt vor Verarbeitungen mittelalterlicher Literatur- und Sagenstoffe (*Ring des Nibelungen, Tannhäuser, Lohengrin*). Die Komponisten des 19. und 20. Jahrhunderts bedienten sich auch deswegen am Mittelalter, weil es für das national bis nationalistisch gesinnte Bürgertum zum Bildungskanon gehörte: Das Mittelalter galt als eine Epoche deutscher Größe. Für die Pioniere des Metal hingegen spielte das Mittelalter keine Rolle. Die englische Arbeiterklasse konnte mit bildungsbürgerlichen Anleihen ans Mittelalter eher wenig anfangen, man orientierte sich an Blues und Hard Rock. Es war also nicht vorherbestimmt, dass Metal und Mittelalter eine so innige Beziehung zueinander eingehen würden. Was ist dann aber ausschlaggebend für die Mittelalterbezüge im Metal?

Auf den folgenden Seiten möchte ich gemeinsam mit Ihnen dieser Frage nachgehen. Wir werden uns ansehen, warum Metalbands das Mittelalter als Gegenstand in ihrer Musik verwenden und vor allem, auf welche Art sie es nach ihren Bedürfnissen gestalten. Denn wie alle anderen Epochen existiert „das Mittelalter" nicht von allein. Es ist eine gedankliche Konstruktion, mit der wir die Vergangenheit strukturieren und übersichtlicher machen. Was wir unter „Mittelalter" verstehen, basiert auf Zuschreibungen. Und die ändern sich mit der Zeit, sie hängen vom Standpunkt und der Perspektive ab. Kurz: Wir erstellen uns – ein Stück weit sogar jeder und jede für sich – unser eigenes Mittelalter.

Lassen Sie mich am Beispiel der Wikinger veranschaulichen, was ich damit meine: Die frühmittelalterlichen Skandinavier der Kinderserie *Wickie und die starken Männer* (1974) kämpfen, ohne Blut zu vergießen. Es sind knuffige Kumpeltypen, sympathische Loser oder Witzfiguren, einmal abgesehen vom „schrecklichen Sven", ihrem Widersacher. Ungleich finsterer sind die testosterongesteuerten und tätowierten Alphamänner der vor Gewalt, Sex und auch sexualisierter Gewalt strotzenden Serie *Vikings* (2013). Ein wesentlicher Grund für die gegensätzliche Darstellung ist die Zielgruppe – hier Kinder, dort Erwachsene – aber auch die verschiedenen Vorlagen. Der Drehbuchautor von *Vikings* orientierte sich an altisländischer und allgemein mittelalterlicher Literatur, in der es erheblich blutiger zugeht als in den Kinderbüchern von Runer Jonsson, die für *Wickie* Pate standen. Als *Vikings* produziert wurde, waren Serien mit schwierigen Charakteren beliebt, die die Grenzen zwischen Gut und Böse verschwimmen lassen. Deutlich sichtbar ist der Zeitgeist zudem beim Aufgreifen der aktuellen Mode anhand von Tätowierungen und Frisuren (Undercut). Explizite Sex- und Gewaltdarstellungen, wie sie in *Vikings* zu sehen sind, wären 1963 undenkbar gewesen, als der erste Band über den jungen Wickie auf den Markt kam. Geschichtsdarstellungen sind also Kinder ihrer Zeit. Und weil sich die jeweilige Zeit meist bereits auf noch ältere Darstellungen beruft, sind sie oft voller Querverweise.

Um ihrem Werk eine größere Authentizität zu verleihen, es realistischer wirken zu lassen oder glaubwürdiger zu erscheinen, orientieren sich viele Bands zwar am historischen, nicht am popkulturellen Mittelalter. Aber auch das Mittelalterbild der Mediävistik, also der verschiedenen Mittelalter-Wissenschaften, ist stets im Wandel. Außerdem sind Metalbands natürlich in erster Linie Künstler, keine Historiker. Künstlerische Interessen, weltanschauliche Zielsetzungen oder schlicht die Absicht, den Stoff unterhaltsamer zu machen, führen immer wieder zu farbenfrohen Ausschmückungen. Ein geradezu unentwirrbares Dickicht der Nacherzählung historischer Begebenheiten ist die Folge.

Lassen Sie uns dieses Dickicht gemeinsam etwas entwirren! Ich möchte Sie dazu einladen, Ihre Musik, vielleicht sogar Ihre Lieblingsmusik, einmal nicht zum Genuss, zur Entspannung oder zur Ablenkung vom Alltag zu hören. Wir wollen sie zerlegen und Stück für Stück den Mittelalterdarstellungen auf die Spur kommen, die darin stecken:

- Wie haben Menschen in der Vergangenheit das Mittelalter bewertet?
- Wie kam das Mittelalter in den Metal?
- Wie erwecken Bands den Eindruck von Mittelalterlichkeit bei uns?
- Inwiefern ist Authentizität ein Maßstab für Mittelalterdarstellungen im Metal?
- Wie stellen Bands das Mittelalter dar?
- Woher stammen die im Metal verbreiteten Mittelalterbilder und wie hängen sie mit unserer Gegenwart zusammen?
- Was ist an Mittelalterbildern im Metal kritisch zu bewerten?

Klingt spannend? Kommen Sie mit auf eine Reise, auf der wir so einiges über das Mittelalter und unseren Umgang mit ihm erfahren werden! Klingt langweilig? Lesen Sie trotzdem weiter! Wir alle mögen doch Ritter, Wikinger und Dudelsäcke.

Disclaimer: Metal ist ein weites Feld. Ist Mittelalterrock überhaupt Metal? Meine Antwort lautet frei nach dem Känguru: „Rock, Metal … das sind doch bürgerliche Kategorien". Die Anzahl existierender Subgenres ist so unüberschaubar wie die der Bands, die sich dem Mittelalter widmen. Daher stehen in diesem Buch mal Power und Heavy Metal, mal Pagan, Black und Viking Metal und mal Mittelalterrock im Fokus. Bei der Bandauswahl habe ich versucht, für Vielfalt zu sorgen. Doch Asche auf mein Haupt: Oft habe ich doch die Platzhirsche Amon Amarth, In Extremo und Co. zu Rate gezogen. Die haben aber auch zu so gut wie jedem Thema einen Song geschrieben! Insofern ist das Folgende auch ein Einblick in mein persönliches Metal-Mittelalter. Wer seine Lieblingsband vermisst, möge sich bitte beim Verlag beschweren [kontakt@kohlhammer.de; *Anm. d. Red.*], der mir nicht den Platz für ein mehrbändiges Werk zur Verfügung stellt. Jetzt geht's aber los!

2
An der Geschichtstheke: Welches Mittelalter darf's denn sein?

Das Mittelalter dient im Alltag oft als Attribut, um unsere Gegenwart zu bewerten oder Aussagen über die Zukunft zu treffen. Dabei kann die Epoche als positive oder als negative Bezugsgröße dienen. Vor einer halben Ewigkeit wurde das „finstere Mittelalter" zum geflügelten Wort. In diesem Sinne gilt alles, was als „mittelalterlich" bezeichnet wird, als rückständig und nicht erstrebenswert. Dabei kann alles als „mittelalterlich" bezeichnet werden, ohne dass es einen Bezug zur historischen Epoche hätte. Der türkische Schriftsteller Orhan Pamuk beispielsweise erklärte im Zuge des Überfalls von Russland auf die Ukraine, „Putin ist Mittelalter".[2] Wenn Sie es gerne eine Nummer kleiner hätten: Der Regensburger Kreisverband des Verkehrsclubs Deutschland bemängelte, ein von der Stadt Regensburg geplantes Parkhaus fördere den Autoverkehr in der Innenstadt zu sehr, das sei „Verkehrspolitik aus dem Mittelalter".[3] Auch wenn der Autoverkehr in mittelalterlichen Städten überschaubar gewesen sein dürfte, weiß man doch, was gemeint ist.

Wie kommt es, dass ein Zeitraum von ca. eintausend Jahren pauschal zum Synonym für Rückständigkeit, Rechtlosigkeit und Primitivität wurde? Mit der uns geläufigen Epocheneinteilung stülpen wir der Vergangenheit nachträglich ein Ordnungssystem über, dessen Einheiten – Antike, Mittelalter und Neuzeit – helfen sollen, länger und kürzer zurückliegende Ereignisse, Prozesse und Strukturen übersichtlich im jeweiligen Fach einzusortieren und abzulegen. Die mittelalterlichen Menschen wussten natürlich nicht, dass sie in einer Zeit namens „Mittelalter" lebten. Was das Image ihrer Zeit angeht, hatte das Mittelalter schlicht das Pech, dass diejenigen, die es zum ersten Mal als eigene Epoche betrachteten, nämlich die Humanisten, große Fans der Antike waren. Kunst, Sprache und Literatur sollten wieder auf das in ihren Augen höhere Niveau der Antike gehoben werden, besonders das mittelalterliche Latein des Alltags war inzwischen weit weg von demjenigen berühmter Redner der Antike wie einem Cicero. Und so grenzten die Humanisten, zuerst Francesco Petrarca im 14. Jahrhundert, ihre Gegenwart von der vorangegangenen Zeit ab. Ihr Zeitalter sahen sie als ein neues (die „Neuzeit" eben), das durch ein mittleres Zeitalter von der Antike getrennt sei. Dabei bedienten sie sich ganz der von der Bibel geprägten Bildsprache, wie sie es als mittelalterlich geprägte Menschen gewohnt waren: Wie die Welt vor der Geburt Jesu in Finsternis gelegen habe, so auch die Welt vor der Rückbesinnung auf die Antike: Das „finstere Mittelalter" war geboren. Geburtstag ironischerweise: ein Tag im Mittelalter. Ganz funktioniert hat es mit der Rückbesinnung auf die Antike nicht. Die Humanisten hielten beispielsweise die karolingische Minuskel, eine Schrift, die im 8. Jahrhundert entstanden und mehrere Jahrhunderte lang in nahezu ganz Europa verwendet worden war, für eine antike Schrift. Schließlich nutzten sie sie in abgewandelter Form für Drucke und stellten so die Weichen dafür, wie wir heute schreiben.

Auch für die Vertreter der Reformation war die ihnen vorangegangene Zeit von Finsternis geprägt. Erst mit Luther sei das Licht neu erstrahlt. Ebenso naheliegend ist, dass während der Aufklärung viele das Mittelalter für rückständig hielten. In den Augen der Aufklärer galt die mittelalterliche Gesellschaft statt vom Leitsatz der Aufklärung – *sapere aude*, mit Kant übersetzt: „Habe Mut, dich deines eigenen Verstandes zu bedienen!" – beherrscht von Analphabetentum, religiöser Verblendung und blindem Gehorsam gegenüber kirchlichen und weltlichen Autoritäten. Doch schon damals suchten Menschen den Gegensatz zu den Idealen ihrer Gegenwart. Ritterromanzen, die nicht nur der „Chefphilosoph" der Aufklärung, Voltaire, verfasste, stießen auf ein wohlwollendes Publikum.

Dem Bild vom „finsteren Mittelalter" gegenüber steht das Bild eines „goldenen Zeitalters", wie es besonders auf Mittelaltermärkten zu finden ist: Lagerfeuerromantik, ein Leben im Einklang mit der Natur, ein Leben, in dem jeder Mensch seinen Platz in der Gesellschaft kannte und seinen Beitrag leistete, in dem Konflikte noch „ehrlich" von Mann zu Mann ausgetragen wurden. Damit einhergeht eine Freiheit von Arbeitsstress, digitaler Überlastung, zu zahlenden Rechnungen und Großstadtmüdigkeit. Dieses Mittelalter ist nicht nur nicht finster, sondern ausgesprochen hell und bunt: Kleidung, Zelte oder Fahnen sind überbordend mit Farben versehen, was wiederum gut zur Buntheit des historischen Mittelalters passt. Im Mittelpunkt dieser bunten Variante steht der Ausbruch aus der rationalen Gegenwart und die vermeintliche Rückkehr in eine emotionale Welt des Erlebens. Das Mittelalter kann sogar Inspirationsquelle zur Lösung aktueller gesellschaftlicher Probleme sein. So zeigt die Mannheimer Historikerin Annette Kehnel in ihrem vielbeachteten Buch *Wir konnten auch anders*, dass das Mittelalter auf seine Art tatsächlich so manche Ideen des modernen Menschen für die Flucht vor Stress vorwegnahm. Die Epoche wird zur Lehrerin, die mit der Stimme der Historikerin spricht. „Was können wir vom Mittelalter lernen?", wurde Kehnel in einem Interview im *Südwestdeutschen Rundfunk* gefragt.[4] Das ist beileibe keine neue Frage, allerdings eine Frage, die mit großer Vorsicht zu genießen ist. Denn selten lassen sich Ideen von vor 1000 Jahren eins zu eins auf die Gegenwart übertragen. Zu stark haben sich die Rahmenbedingungen verändert.

Wie das finstere Mittelalterbild ist auch das helle kein Kind unserer Zeit. Nach Humanismus, Reformation und Aufklärung wurde das Image des Mittelalters nachhaltig in der Romantik aufpoliert. Die Vertreter dieser kulturellen Strömung konnten nicht genug bekommen von Rittern, Burgen, den Abenteuern „großer Männer". In Literatur, Musik und Kunst, wo auch eine neue Besinnung auf die Natur einzog, erzählten sie deren Geschichten. Seit dem 18. Jahrhundert entdeckte die britische Oberschicht die gotische Architektur für sich neu. Es kam in Mode, sich eine ihr nachempfundene Ruine in den Garten zu bauen. Diese Begeisterung nahm auch andernorts in Europa zu. Neue Gebäude errichtete man nun in den Stilen der Neoromanik und Neogotik, die mittelalterlichen Baustilen nachempfunden sind. Das im Mittelalter unvollendete Großbauprojekt des Kölner Doms wurde im 19. Jahrhundert fertiggestellt, die Befestigungsanlagen von Carcassonne restauriert bzw. teilweise neugebaut. Diese imposanten Bauten prägen unser heutiges Bild vom Mittelalter, auch wenn sie eigentlich nur zeigen, was sich manche Menschen des 19. Jahrhunderts unter dem Mittelalter vorstellten.

Früh hatte das helle Mittelalterbild auch eine politische Komponente. Das Deutschland des 19. Jahrhunderts war nach Napoleon eine Ansammlung kleinerer und größerer Staaten – ein Zustand, den das national gesinnte Bürgertum nicht guthieß. Das mittelalterliche römisch-deutsche Reich mit seinem Kaiser an der Spitze erschien ihm als die Verkörperung nationaler Einheit schlechthin. Zu dieser Zeit formierten sich auch die epochenspezifischen Wissenschaften und verschrieben sich ganz der nationalen Sache. Mit dem Leitspruch *Sanctus amor patriae dat animum* („Die heilige Liebe zum Vaterland gibt den Geist") wurde im Jahr 1819 das heute noch bedeutende Forschungsinstitut der *Monumenta Germaniae Historica* gegründet. Als der deutsche Nationalstaat 1871 schließlich da war, versuchte man, eine direkte Abstammungslinie zwischen dem mittelalterlichen Heiligen Römischen Reich und dem neuzeitlichen Reich herzustellen. Kein Ort verdeutlicht das besser als das in Thüringen gelegene Kyffhäuserdenkmal (▶ Abb. 1). Zwischen Ober- und Unterburg einer unter Kaiser Friedrich Barbarossa fertiggestellten Reichsburg wurde 1896 ein ca. 75 Meter hoher Turm errichtet. An dessen Flanke zeigt eine Bronzestatue den 1888 verstorbenen Kaiser Wilhelm I. als Soldat auf einem Pferd. Unter ihm am Sockel sitzt ein gerade erwachender Barbarossa und streift sich mit der Hand durch seinen Bart. Hintergrund des Denkmals ist die Verehrung Barbarossas in bürgerlichen Kreisen. In einem bekannten Gedicht Friedrich Rückerts heißt es, der mittelalterliche Kaiser sei nicht gestorben, sondern schlafe nur und führe eines Tages das Reich zurück zu seiner alten Größe. In der Symbolsprache des Denkmals wird Wilhelm I., der Begründer des Deutschen Kaiserreichs, zu diesem wiedererwachten Barbarossa, zum Wiederbringer der Herrlichkeit des mittelalterlichen Reichs.

Abb. 1: Der neue Barbarossa? Kaiser Wilhelm auf dem Kyffhäuserdenkmal (Foto: Reinhard Kirchner, CC BY-SA 3.0).

Der positive Mittelalterbegriff der Romantik hat aber auch eine gesellschaftspolitische Dimension. Im Gegensatz zur vernunftbetonten und immer stärker von der Wissenschaft durchdrungenen Gesellschaft der Romantiker wirkte das Mittelalter mit seiner religiösen Prägung geradezu mystisch. Die Romantiker ersehnten eine neue Verzauberung der Welt. Die Vernunft habe zum Verlust des Glaubens und zum Verlust einer Gemeinschaft geführt, die auf natürlichen Bindungen und Ordnungen basierte. Einer der bedeutendsten Vertreter der Frühromantik war Georg Philipp Friedrich von Hardenberg, besser bekannt als Novalis. Er meinte, dass sich die Neuzeit im Verfall befinde und ein Neues Mittelalter folgen würde. Damit verkehrte er den Gedanken, der zur Entstehung des Mittelalters als Epochenbegriff geführt hatte, in sein Gegenteil. Das Mittelalter war für Novalis kein Rückschritt gegenüber einer glorifizierten Antike mehr, sondern Vorbild für die aktuelle Gesellschaft. Reformation und Aufklärung seien der eigentliche Rückschritt gewesen. Erschüttert von der Französischen Revolution präsentierte auch Friedrich Schlegel, ebenfalls ein Frühromantiker, die mittelalterliche Gesellschaft als Ideal für seine Gegenwart. Sie sei eine göttliche und gewachsene Ordnung, in der jeder Mensch seinen Platz gehabt habe. Und ein halbes Jahrhundert später, 1878, forderte der Vordenker der Nazis und Spätausläufer der Romantik, Paul de Lagarde, in seinen *Deutschen Schriften* die Rückkehr zu mittelalterlichen Verhältnissen. Lagarde war der Ansicht, die deutsche Kultur sei vom Judentum zersetzt. Was brauche es, um Deutschland allen Widerständen zum Trotz zu stärken? „Eines Mannes großer, fester, reiner Wille [...], eines Königs Wille, nicht Parlamente, nicht Gesetze, nicht das Streben machtloser Einzelner". Der Einzelne solle sich dem Anführer und der Gemeinschaft unterordnen, die von einer nationalen Religion geleitet werde, die ganz der „germanischen Naturanlage" folge und frei von jüdischem Einfluss sei.[5]

Es verwundert nicht, dass ein solches Mittelalterbild, das wenig Wert auf Individualität, Emanzipation und Vernunft legt, sich später gegen die junge Weimarer Republik richtete. Es ist kein Zufall, dass gegen ihr Ende die Mittelalterbegeisterung zunahm: Seit 1929 erschienen zahlreiche Mittelalter-Romane. Seine Verwirklichung fand das Neue Mittelalter der Romantiker dann gewissermaßen im Nationalsozialismus. Die Gesellschaft war eindeutig und ständisch gegliedert, ein neuer „Adel" hatte das Sagen und ein „germanisches" Gefolgschaftswesen war etabliert. Es herrschten „Blut und Geist über Verstand, Gefühl und Bildung".[6] Auch in anderer Hinsicht war das Mittelalter bei den Nationalsozialisten beliebt. Populär waren besonders solche Herrscher, die sich Auseinandersetzungen mit ihren slawischen Nachbarn lieferten. Auch das deutsche Bürgertum des Mittelalters wurde für das vermeintliche Verdienst gefeiert, dem Ostseeraum die Kultur gebracht zu haben.

Es ließen sich unzählige Seiten damit füllen, wie das Mittelalter seit seiner „Erfindung" als Epoche instrumentalisiert worden ist. Entweder diente es dazu, vor aktuellen Entwicklungen oder Phänomenen zu warnen und abzuschrecken – so darf es nie wieder kommen! –, oder man stellte es einer als schlecht empfundenen Gegenwart als positives Vorbild gegenüber – so soll es wieder sein!

Abgeleitet aus Ereignissen und Entwicklungen der europäischen Vergangenheit, ist das Mittelalter eine Epoche, die sich nicht ohne weiteres auf andere Weltregionen übertragen lässt. Dementsprechend wird es vorwiegend von europäischen Bands aufgegriffen oder solchen, die eine wie auch immer geartete Verbindung zu den europäischen Kulturen haben. Da die Beschäftigung mit dem Mittelalter in vielen Ländern einen ähnlichen Verlauf nahm wie in Deutschland, sind auch die Mittelalterkonzepte vergleichbar. Wie wir sehen werden, greift der Metal inhaltliche Bestandteile des hellen und des finsteren Mittelalters gleichzeitig auf. Je nachdem, wie „böse" eine Band wirken möchte, verwendet sie mehr Bestandteile des einen oder des anderen Mittelalters. Auffällig ist dabei, dass das

Mittelalter stets positiv bewertet wird. Die Gründe dafür hängen damit zusammen, wie das Mittelalter in den Metal kam.

3
Am Anfang waren Led Zeppelin: Wie das Mittelalter in den Metal kam

Am Anfang waren Black Sabbath – so beginnt eigentlich jede Geschichte des Metal. Anders sieht es jedoch mit einer Geschichte des Mittelalters im Metal aus: Diese führt uns ins England der 1970er Jahre. Led Zeppelin veröffentlichten zu Beginn des Jahrzehnts ihr Album *III* (1970). Der Opener „Immigrant Song" eröffnet das Album mit einer für die Rockmusik relativ neuen Thematik, die seither geradezu inflationär gebraucht wurde: In seinem Text setzt Robert Plant die Band mit Wikingern gleich, sie kämen aus dem „land of the ice and snow", der „hammer of the gods" treibe ihre Schiffe an neue Küsten, deren Bewohner sie unterwürfen, bevor sie schließlich nach Walhalla kämen. In anderen Texten verwob Plant Elemente der Artussage mit dem Fantasy-Universum J.R.R. Tolkiens zu einer Melange aus Fantasy, germanischer und keltischer Mythologie.

Warum hat sich Plant mit diesen Themen beschäftigt? Gründe waren Plants persönliches Interesse an der römisch-britischen Geschichte und seine Kindheit in der Nähe zu Wales. Aber auch der Zeitgeist spiegelt sich in seiner Auseinandersetzung mit Mythen und Geschichte: Großbritannien hatte seinen Großmachtstatus eingebüßt und stand vor der Frage, was die Briten eigentlich noch ausmache – eine Frage, die zugeschnitten auf das jeweilige Land heute nahezu in der gesamten westlichen Hemisphäre diskutiert wird. Auf der Suche nach Identität lag der Rückbezug auf eine weiter zurückliegende große Vergangenheit nahe. Während in Deutschland die antiken und frühmittelalterlichen Germanen unangefochten den wichtigsten Bezugspunkt darstellten, konkurrierten in Großbritannien die germanischen Angelsachsen mit den Kelten. König Artus ist einerseits *der* britische König schlechthin, andererseits aber auch der Nationalheld einzelner keltischer Volksgruppen wie der Waliser und Kornen (der Bewohner Cornwalls). Artus hatte Großbritannien gegen die Invasion der Sachsen verteidigt, auf die sich die Engländer vorwiegend zurückführten. Da Plant Tolkien las, dem ebenfalls angelsächsische Mythologie und verschiedene keltische Artustraditionen als Vorbild dienten, verarbeitete er diese verschiedenen Stränge mehrfach auch indirekt. Bei Led Zeppelin verschmolz keltische mit angelsächsischer Mythologie unter Beigabe von Fantasy zu einer allumfassenden mittelalterlichen Vergangenheit, in die sich die identitätssuchenden Briten hineinträumen konnten.

Ein weiterer Einflussfaktor für Led Zeppelin war der Folk mit seinem Interesse für Okkultes und mittelalterliche Ästhetik. Er steuerte ein weiteres Element zur Musik bei. In „Battle of Evermore" und ihrem Überhit „Stairway to Heaven" auf dem Album *IV* (1971) untermalten Led Zeppelin ihre teils mit der beschriebenen Melange aus Geschichte, Mythologie und Fantasy angehauchten Texte mit Mandoline und Blockflöte. Das sollte charakteristisch für den Metal mit Mittelalterbezügen und den Mittelalterrock werden. Zunächst aber ließen sich weitere Rockbands von der Kombination aus Folkelementen mit akustischen Instrumenten und mittelalterlich angehauchten Texten inspirieren. Jethro Tull klagen beispielsweise in „Cold Wind to Valhalla" (*Minstrel in the Gallery*, 1975) darüber, dass es keine Helden mehr gebe, die die Walküren nach Walhalla tragen könnten. Passend zum Albumtitel zeigt das Cover Spielleute, die auf einer Galerie Musik zum Besten geben. Es ist zu vermuten, dass sich die Band mit diesen Spielleuten gleichsetzte – was uns wiederbegegnen wird (▶ Kap. 12).

In der Frühphase des Heavy Metal der 1970er und frühen 1980er Jahre griffen zahlreiche andere Bands auf die eine oder andere Art mittelalterliche Themen auf: Sei es in einzelnen Songs wie Iron Maidens „Invasion" (*The Soundhouse Tapes*, 1979), das die Wikingerzüge behandelt, oder in einem Bandnamen wie Saxon, die sich verkürzt nach den frühmittelalterlichen Angelsachsen benannten. Neben Musikern, die sich unmittelbar mit dem Mittelalter auseinandersetzten, wurde die Epoche auch über die Bande gespielt in den Metal gebracht. Zum Mittelalterbild des Metal trugen auch Bestandteile der Jugendkultur der 1960er Jahre bei, aus der er entstanden war, insbesondere Sword and Sorcery. Dieses Fantasy-Genre hatte der US-amerikanische Autor Robert E. Howard mit der Figur Conans des Barbaren geschaffen. In den 1980ern wurde es durch die Verfilmungen mit Arnold Schwarzenegger besonders populär. Auf das männliche, junge und weiße Arbeitermilieu übte das Genre eine hohe Attraktivität aus. Hier wurde der eigenen, vom Abstieg bedrohten Existenz eine Welt gegenübergestellt, in der Eindeutigkeit herrschte und Selbstwirksamkeit erfahren werden konnte. Aufgegriffen wurde das Conan-Universum besonders von Manowar, deren Eröffnungssong „Dark Avenger" zum Debütalbum *Battle Hymns* (1982) deutlich der Musik zur Eingangsszene des Conan-Films ähnelt. Auch die Kostüme und das Image Conans als hypermaskuliner Kämpfer scheinen Manowar inspiriert zu haben, wie anhand des Covers zum Best-Of-Album *Anthology* (1997) zu sehen ist (▶ Abb. 2). Es zeigt die Bandmitglieder spärlich bekleidet wie Conan den Barbar: oben ohne, in Lederhose oder knappem Höschen, Fellelementen und Stiefeln vor einer verließartigen Kulisse.

Bassist und Mastermind hinter Manowar, Joey DeMaio, ist außerdem ein Verehrer des Komponisten Richard Wagner. Wagner bezog seine Stoffe aus demselben Sagen- und Mythenkreis wie Tolkien. Woher „mittelalterliche" Inhalte stammen, ist deshalb oft nicht eindeutig nachvollziehbar. Beispielsweise geht es sowohl in Tolkiens *Herr der Ringe* als auch in Wagners *Ring des Nibelungen* um einen magischen, aber verfluchten Ring, der seinem Träger Kraft verleiht. Wie die Fantasyautoren versuchte Wagner im *Ring des Nibelungen* nicht – wie sonst im 19. Jahrhundert oftmals getan –, das Mittelalter zu rekonstruieren. Er schuf stattdessen ein neues, fiktives Mittelal-

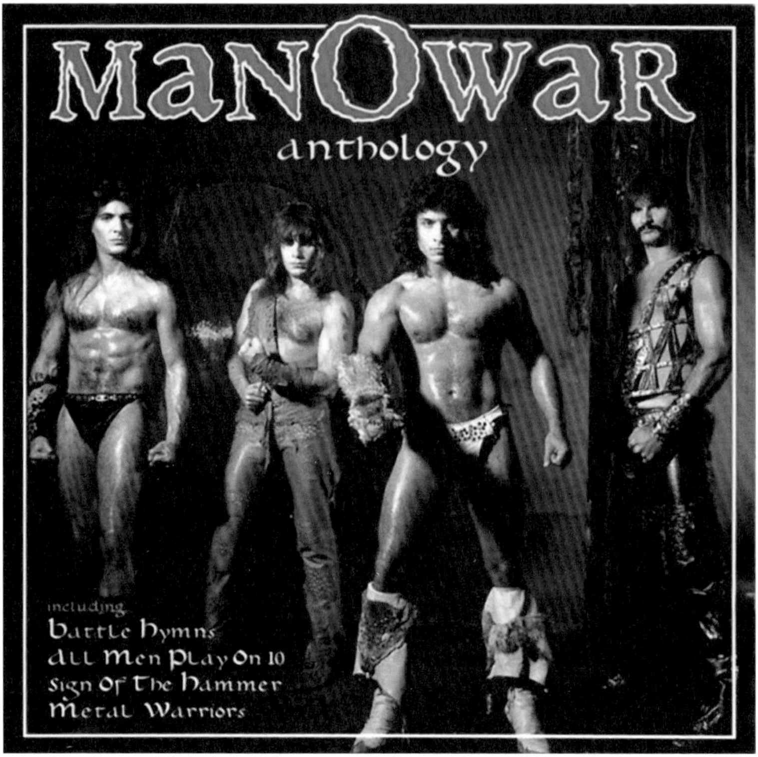

Abb. 2: Fell und Muskeln – fertig ist die Verkleidung à la Conan der Barbar: Manowar, *Anthology*.

ter, das nicht nur Manowar, sondern auch die deutsche Heavy-Metal-Formation Grave Digger (*Rheingold*, 2003) und etliche andere Bands inspirierte. Dieses Mittelalter ist mystisch und emotional, nur über das Ausschalten der Rationalität kann man Zugang zu ihm finden.

Trotz der Bedeutung Wagners und von Sword and Sorcery dürfte das Interesse vieler Bands im Hard Rock und Heavy Metal am Werk Tolkiens einflussreicher sein. Die erste norwegische Übersetzung des *Herrn der Ringe* erschien im Jahr 1973, ein Jahr, um das herum viele norwegische Metalmusiker geboren wurden. Die große Popularität Tolkiens in den 1990er Jahren führte zu vielen Referenzen, etwa in den Bandnamen extremer Metalbands (zum Beispiel bei der norwegischen Black-Metal-Band Gorgoroth, die sich nach der in Mordor gelegenen lebensfeindlichen Ebene von Gorgoroth benannt haben). Aber auch in den Texten finden sich oft Tolkien-Bezüge, etwa auf Blind Guardians Album *Nightfall in Middle-Earth* (1998). Letztere sind ohnehin bemüht, ihre Musik mit Querverweisen auf Literatur oder historische Episoden anzureichern, die sie als „thinking man's music"[7] ausweisen sollen. So will man sich vom teilweise doch recht „prolligen" Image der Bands abgrenzen, die sich am Sword and Sorcery orientieren.

Außerhalb der weltbekannten Fantasy-Universen prägen auch regionale oder individuelle Kosmen die Musiker. Das Album *Finsterwacht* (2024) der Mittelalterrockband Saltatio Mortis ist im Pen-and-Paper-Rollenspieluniversum „Das Schwarze Auge" angesiedelt, das mehr oder weniger nur im deutschsprachigen Raum populär ist. Und die Grundlage von Ensiferums Album *Winterstorm* (2024) ist ein zum Veröffentlichungszeitpunkt noch nicht fertiggestellter Fantasyroman des Bassisten Sami Hinkka.

Neben der Fantasy ist die Rolle populärer Mittelalterdarstellungen nicht zu unterschätzen. Der Film *Braveheart* führte zur Entstehung mehrerer Lieder (▶ Kap. 8) und der Sänger der deutschen Heavy-Metal-Formation Grave Digger, Chris Boltendahl, erzählte in einem Interview, dass ihn eine Amazon-Serie und ein Netflix-Film dazu gebracht hätten, sich auf dem Album *Symbol of Eternity* (2022) mit den Kreuzzügen zu beschäftigen. Die Auseinandersetzung mit dem Mittelalter dürfte oftmals auf persönliches Interesse zurückgehen, wie im Fall des Gitarristen und Songwriters von Powerwolf, Benjamin Buss (Künstlername: Matthew Greywolf). Historische Themen interessierten ihn, da „man aus der Geschichte sehr viel lernen kann" und verstehen lerne, „wer wir sind und wo wir herkommen."[8] Seltener geht das Interesse auf eine einschlägige akademische Ausbildung zurück, auch wenn durchaus Historiker unter den Metalmusikern zu finden sind: Der ehemalige Gitarrist der niederländischen Pagan-Metal-Band Heidevolk, Reamon Bloem (Künstlername: Bomenbreker), und der ehemalige Bassist von Grave Digger, Thomas Göttlich, beispielsweise sind von Hause aus Geschichtslehrer, der Sänger der Power-Metal-Bands Serenity und Warkings, Georg Neuhauser, ist promovierter Historiker und Archäologe.

Eine gesonderte Betrachtung verdient die Aufmerksamkeit, die die Geschichte der Wikinger und die nordische Mythologie im Metal erhalten haben. Kaum ein anderes Thema der mittelalterlichen Geschichte begleitet den Metal seit seiner Formierungs- und Frühphase so prominent wie diese beiden. Schon Led Zeppelin verwendeten das Motiv der plündernden Wikinger im „Immigrant Song". Nach Aussage Robert Plants handelt er von der Tour im Sommer 1970, deren Auftaktkonzert die Band in Reykjavík spielte. Plant stellt also die simple Gleichung „Nordeuropa gleich Wikingerland" auf und besingt schon damals gängige Wikingerklischees. Ähnliches sollte auch Iron Maiden ein Jahrzehnt später aufgreifen, wenn auch aus Perspektive der Opfer (im erwähnten „Invaders" auf *Number of the Beast*, 1982). Im skandinavischen Metal der 1980er Jahre lag die Wikingerthematik ebenfalls in der Luft, sie dienten als Synonym für das Böse, zu dem sich die dortige Szene in Gestalt Satans mehr hingezogen fühlte. Der schwedische Gitarrist Yngwie Malmsteen garnierte in „I am a Viking" (*Marching Out*, 1985) die üblichen Wikingerklischees mit Überlegenheitsfantasien: „I've got your life right in my hand".

Vermutlich die erste Band, die Wikinger in den Mittelpunkt rückte und zentral für ihr Bandimage nutzte, waren Manowar. Den Grund kann man sich nicht „manowaresker" vorstellen: Nach Aussage Joey DeMaios erschien ihm schlicht nichts mächtiger als Wikinger. Sie passten zu den Vorstellungen des Songwriters von archaischer

Männlichkeit und Stärke. Entsprechend kreisen zum Beispiel die Texte des zweiten Albums (*Into Glory Ride*, 1983) um Wikinger und nordische Mythologie – aber eben auch um Motorräder und Metal. Diese eigenwillige Mischung macht überdeutlich, dass die Band nicht an einem historisch-authentischen Wikingerbild interessiert ist, sondern ein charakteristisches Image nach außen tragen will. Das äußert sich auch in der Gestaltung des Albums *Sign of the Hammer* (1984), dessen Cover nicht etwa eine mittelalterliche Darstellung Thors oder ein Amulett (den „Thorshammer") zeigt, sondern einen schwarzen Hammer in weißem Quadrat, umgeben von roter Fläche (▶ Abb. 3). Kommt Ihnen bekannt vor? Richtig, die Gemeinsamkeiten mit der Hakenkreuzflagge sind unübersehbar. Auch der auf dem Cover des ersten Albums zu sehende Adler erinnert weniger an den römischen Legionsadler oder den des mittelalterlichen Heiligen Römischen Reichs als an den Reichsadler des „Dritten Reichs". Unwahrscheinlich, dass die Gestaltung der Cover dem Zufall überlassen wurde. Möglicherweise handelt es sich um bedenkliche Versuche, auch nationalsozialistische Vorstellungen von Stärke in den Bandkosmos zu integrieren. Vielleicht geht es aber auch nur darum, mit Provokation das Marketing voranzutreiben. Wie auch immer – in dieser Deutlichkeit wurde diese Form der Ästhetik durch die Band jedenfalls nicht wieder aufgegriffen, im Gegensatz zur nordischen Mythologie und den Wikingern, die Gegenstand zahlreicher Alben sind (neben den erwähnten *Into Glory Ride* und *Sign of the Hammer* auch auf *The Sons of Odin*, 2006 und *Thunder in the Sky*, 2009).

Konsequenter noch als von Manowar im Einsatz von nordeuropäischer Mythologie und Geschichte war eine der zentralen Bands der Ersten Welle des Black Metal. Auf ihrem Album *Blood Fire Death* (1988) griffen Bathory Ende der 1980er Jahre die im skandinavischen Metal junge Entwicklung auf und sangen über Wikinger. Szenemedien vermuteten, dass die Hauptgestalt hinter Bathory, Thomas Forsberg (Künstlername: Quorthon), von Manowar inspiriert sein könnte. Forsberg bestritt das zwar konsequent,[9] aber aufgrund mu-

Abb. 3: Provokation oder gezieltes Anknüpfen an nationalsozialistische Männlichkeitsbilder? Nazianspielung auf dem Cover zu *Sign of the Hammer* von Manowar.

sikalischer und ästhetischer Ähnlichkeiten scheint die Frage nicht ganz unberechtigt (zum Beispiel zeigen Bandfotos dieser Zeit ganz im Sword-and-Sorcery-Stil halbnackte Krieger in Lederkleidung und mit Schwertern bewaffnet).

Dennoch war etwas anders an der Adaption nordischer Mythologie und Geschichte von Bathory. Eine neue Ernsthaftigkeit hatte Einzug gehalten. Diese Ernsthaftigkeit veranschaulichen die Gründe am besten, die Forsberg im Booklet zum Album *Blood on Ice* (1996) für die Abkehr von Satan und die Hinwendung zu den Wikingern erläutert. Satan ist eine Figur des christlichen Kosmos. Die im Black Metal übliche Ablehnung des Christentums kann also beim Satanismus nicht stehen bleiben. Satan als Widersacher Gottes zu schätzen, bedeutet gleichzeitig, die Existenz Gottes anzuerkennen. Oder in den Worten Forsbergs: Satan sei lediglich ein Schwindel, geschaffen von einem anderen Schwindel, „a hoax created by another hoax" – nämlich von der christlichen Kirche, die die Szene doch so sehr ablehne. Nach der Abkehr von Satan stillte die Wikingerzeit das entstandene Bedürfnis nach Finsternis. Sie zu behandeln sei logisch, da er sich für Geschichte interessiere, so Forsberg im Booklet weiter. Die Wikingerzeit sei Sache einer nationalen und ethnischen Identität. Er als Schwede habe zu ihr ein persönliches Verhältnis und sei mit ihr „durch das Blut verbunden", „linked by blood".

Etwas weniger Aufmerksamkeit erhielt die schwedische Death-Metal-Band Unleashed, die auf ihrem Debütalbum (*Where No Life Dwells*, 1991 – drei Jahre nach *Blood Fire Death*) zumindest vereinzelt auf Wikinger setzte. Unleashed dürften zu den ersten Bands zählen, die – nach eigener Aussage – die Traditionen und Werte der Wikinger in den Death Metal einführten. Die Beschäftigung mit dem Thema begründen Bandmitglieder ähnlich wie Forsberg. Der Sänger und Bassist der Band, Johnny Hedlund, betrachtet die Wikinger als seine Vorfahren, deren Werte er erhalten möchte. Laut Schlagzeuger Anders Schultz sei die Beschäftigung damit „etwas vollkommen Natürliches, weil es einfach ein Teil der Geschichte ist". Hinzu gesellt sich noch ein künstlerischer Grund: Man könne mit den Wikingern zur Musik passende, aggressive Texte verfassen.[10]

Die Spannung, die sich mit Wikingergeschichte erzeugen lasse, führt auch Johan Hegg an, der Sänger der kommerziell weitaus erfolgreicheren Genre-Nachbarn von der Melodic-Death-Metal-Band Amon Amarth. Seinen Erstkontakt mit den Wikingern habe er in der Schule gehabt. Durch seine Schwester und die Comicserie *Valhalla* des dänischen Zeichners Peter Madsen sei er vollkommen in ihren Bann gezogen worden. Ihre Geschichte sei spannender als Fantasy, weil sie „irgendwie wahr" sei. Diese Abgrenzung scheint einigen Bands wichtig zu sein. Der Sänger der norwegischen Black-Metal-Band Kampfar, Per Joar Spydevold (Künstlername: Dolk), ließ wissen: „Wir machen keinen Fairytale Metal oder so was in der Richtung".[11]

Mit ihrer Schwerpunktsetzung stießen Bathory eine Entwicklung in der Metalszene an, die zur Entstehung des Viking und des Pagan Metal (der sich nicht zwingend mit nordischer Mythologie beschäftigt, sondern auch mit keltischer, slawischer usw.) führte. Beide Genres beziehen ihre musikalischen Merkmale vor allem aus dem Black Metal und setzen in erster Linie inhaltlich und ästhetisch neue Akzente. Der Entstehungsprozess des neuen Genres zeigt sich exemplarisch am Logo der norwegischen Band Enslaved, die den Begriff „Viking Metal" wohl geprägt haben. Auf den Covern der ersten beiden Alben (*Vikingligr Veldi* und *Frost*, beide 1994) integrierten sie noch die für den Black Metal typischen umgedrehten Kreuze in ihren Namensschriftzug. Diese mussten auf ihrem dritten Album (*Eld*, 1997) einem Thorshammer weichen (► Abb. 4).

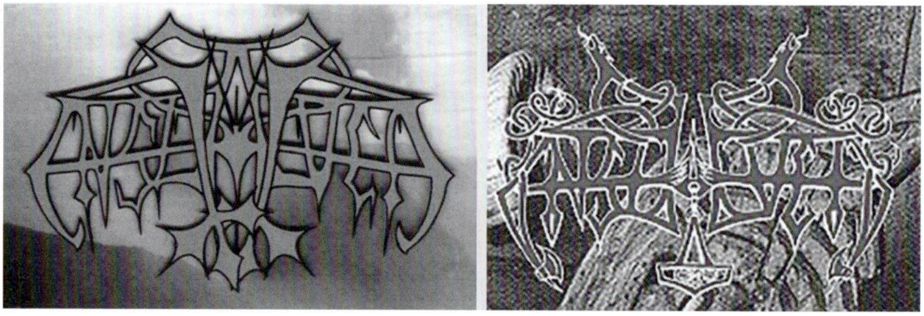

Abb. 4: Von Satan zu Thor – die inhaltliche Neuausrichtung im Viking Metal spiegelt sich auch in der Bildsprache wider: Das Enslaved-Logo auf *Frost* (links) und *Eld*.

Eine ähnliche Teufelsmüdigkeit war auch außerhalb Skandinaviens und des Black Metals der Anlass, sich zumindest vorübergehend der nordischen Mythologie zu widmen. Die Genre-Urgroßväter Black Sabbath bedienten sich zwar schon lange gelegentlich fantastisch-mittelalterlicher Bilder (man denke an „Neon Knights" auf *Heaven and Hell*, 1980). Wikinger und nordische Mythologie kamen erst 1990 auf *Týr* zum Einsatz – wenn auch ohne die weltanschauliche Grundierung, die wir bei den skandinavischen Bands gesehen haben.

Mit und ohne Wikinger fand und findet das Mittelalter rege Verwendung im Black Metal. Am bekanntesten aus der Zweiten Welle des Black Metal dürfte das Album *Dark Medieval Times* (1994) der Norweger Satyricon sein. Das Mittelalter als heldenlose, finstere Anderswelt aufzurufen, wurde im Genre in der Folge üblich. Satyricon betreiben einen äußerst plakativen Umgang mit dem Mittelalter. Auch der Albumtitel ist plakativ, aussagekräftig und kurz – da musste auch ich nur noch zugreifen. Auf Darkthrones Kultalbum *Transsylvanian Hunger* (1994) führten die von Mayhems Kristian Vikernes (Pseudonyme: „Greifi Grishnackh", „Varg Vikernes" und „Greven", übers. „der Graf") als Gastkünstler beigesteuerten Texte zum ersten Mal in der Bandgeschichte Bezüge zum Mittelalter und zur nordischen Mythologie ein. Im Gegensatz zu Thomas Forsberg war das Mittelalter für Vikernes politischer Ernst. Ganz dem romantischen Mittelalterbild entsprechend forderte Vikernes, die Gesellschaft solle sich einen mittelalterlichen Lebensstil aneignen und wieder im Einklang mit der Natur leben. Selbstredend blendete er das christliche Element der mittelalterlichen europäischen Gesellschaften aus. Kirche und Christentum waren seine Feinde schlechthin. Vikernes ist bekanntlich vor allem durch Kirchenbrandstiftung, den Mord an seinem Bandkollegen von Mayhem, Øystein Aarseth (Künstlername: Euronymus), und seine neonazistische Gesinnung berüchtigt. Im norwegischen Fanzine *Slayer* stellte Vikernes die Ermordung Aarseths als Handlung in Folge eines „heidnischen Erwachens" dar, das zu einem Konflikt innerhalb der Szene zwischen „Wikingern" und „Satanisten" geführt habe, in dem der Sieg der Wikinger nach dem Mord nun zum Greifen nahe sei („The victory of Vikings is at hand").[12] Tatsächlich schrieben zahlreiche Black-Metal-Bands dieser Zeit bereits Texte über nordische Mythologie, während die Medien wegen der kriminellen Handlungen der Musiker noch über Satanismus berichteten. Das Ende satanischer Inhalte im Black Metal läutete der Viking Metal aber mitnichten ein. Bei der Auseinandersetzung zwischen „Wikingern" und „Satanisten" dürfte es sich um ein Hirngespinst Vikernes' gehandelt haben, das dessen ideologischem Wunschdenken entsprungen war.

Dass sich bei Vikernes Vorstellungen von einem idealisierten Mittelalter mit rechtsradikaler Gesinnung mischten, könnte durch die genrespezifischen Texte begünstigt worden sein. Als Ausdruck jener antimoderner Gesellschaftskritik, die auch die Beschäftigung mit dem Mittelalter antreibt, werden im Black Metal oft die Reinheit von Luft, Schnee und allgemein die Natur des Nordens besungen. Von hier aus – so kurios es anmutet – ist der Schritt zum Ideal der rassischen Reinheit, wie es der NS-Propaganda im „Blut und Boden" und der Wiederbelebung vermeintlich germanischer Traditionen und Mythen vorschwebte, gar nicht so groß. Aus Äußerungen Varg Vikernes' lässt sich schließen, dass er „weißen Metal" und „weiße Musiker" als talentierter als andere erachtet.[13] Ähnlich rassistisch äußerten sich Vertreter anderer Black-Metal-Bands in den 1990ern. Bekannt ist der Schriftzug „Norsk Arisk Black Metal" auf dem Backcover von Darkthrones *Transsylvanian Hunger* – „Norwegischer Arischer Black Metal". Weniger Aufmerksamkeit hat erfahren, dass nach dem Skandal um das Album auch auf dem Nachfolger *Panzerfaust* (1995) im Lied „Hans Siste Vinter" (sein letzter Winter) ein Krieger aus seinem „arischen Palast (*ariske palass*)" geführt wird und Christen und Juden bekämpft, die den Niedergang Odins feiern. Vermutlich wollte die Band noch einmal provokativ nachlegen. Wie Darkthrone haben sich eine Vielzahl an Musikern von ihren früheren Aussagen distanziert und nicht wieder negativ auf sich aufmerksam gemacht. Der Szene insgesamt eine Affinität zum Neonazismus zuzuschreiben, würde ihr nicht gerecht werden, obschon das Problem auch heute besteht. Statt ein Pauschalurteil zu fällen, muss man das Schaffen der jeweiligen Bands mitsamt ihren medialen Äußerungen betrachten, um zu einem differenzierten Bild zu gelangen (▶ Kap. 10).

Mit der Entstehung des Viking Metal war die Entwicklung der Mittelalterrezeption im Metal aber noch nicht abgeschlossen. Aus dem englischen Sprachraum schwappte in den 1990ern die Reenactment- und Live-Rollenspiel-Welle nach Deutschland. Auch die ersten Mittelaltermärkte setzten das Mittelalter erneut auf die Tagesordnung. Für Stimmung sorgten auf solchen Märkten meist sich als Spielleute bezeichnende Gruppen mit akustischen Instrumenten – wie Dudelsäcken, Trommeln, Flöten – und einer recht freien Interpretation mittelalterlicher Musik. Teilweise aus dieser jungen Mittelalterszene, teilweise aus dem Folk formierte sich ein neues Genre, deren Genregrößen unter dem Label Mittelalterrock die Charts stürmten. In seiner Anfangszeit hob sich das Genre vom restlichen Metal auch durch seine Herkunft ab. Denn die ersten prägenden Bands – In Extremo und Subway to Sally – kommen aus Ostdeutschland, wo sie sich auch ihre ersten größeren Fanbasen erspielten.

Ihre musikalischen Bezugspunkte waren selten die üblichen Verdächtigen, auch wenn sie Metalbands, darunter Bathory, als Einflussfaktoren nennen.[14] Prägender sind Musik aus der DDR, Rockmusik und Folk, hier insbesondere (ostdeutsche) Folk- und Mittelalterbands (Wacholder, Folkländer, Horch) und die Hamburger Band Ougenweide. Diese 1970 gegründete Formation mischte mittelalterlich inspirierte Musik mit Rock, löste sich zwischenzeitig auf und kehrte in den 90ern zurück. Für die Bonus-CD zu In Extremos Best-of *Kein Blick zurück* (2006) spielten sie eine Vertonung der Merseburger Zaubersprüche ein, zweier bekannter althochdeutscher Beschwörungsformeln, die nach ihrem Aufbewahrungsort Merseburg benannt sind. Auch die Berliner Folk-Punk-Band The Inchtabokatables bzw. der Kontakt zu deren Sänger Robert Beckmann beeinflusste die Sänger von Subway to Sally und In Extremo. Michael Rhein (Künstlername: Das Letzte Einhorn) lernte Beckmann auf einem Mittelaltermarkt Anfang der 1990er Jahre kennen. Der spätere Sänger von Subway to Sally, Erik-Uwe Hecht (Künstlername: Eric Fish), hatte mit Beckmann gemeinsam in der Band Catriona gespielt, war aber am Nachfolgeprojekt, den Inchtabokatables, nicht beteiligt. Zu den musikalischen Gemeinsamkeiten der Mittelalterrockbands dürfte man Anleihen bei der Neuen Deutschen Härte zählen. So wundern sich Subway to Sally in ihrer Bandbiografie darüber, dass die Größen des Mittelalterrocks nicht der Neuen Deutschen Härte zugerechnet werden und vermuten, dass „das Etikett ‚Mittelalterrock' im Laufe der Jahre besser haftete."[15] Neben musikalischen Gemeinsamkeiten gibt es auch personelle: In Extremo („Küss mich", „Erdbeermund", Live-DVD *Am goldenen Rhein*) arbeiteten wie Rammstein („Benzin") bei Videodrehs mit dem Regisseur Uwe Flade zusammen. Darüber hinaus gibt es Schnittmengen mit dem Deutschrock, besonders merklich bei Texten über Zusammenhalt, Außenseitertum und ein wildes Leben.

Über diese Gemeinsamkeiten hinaus sind die Hintergründe der Bands jedoch sehr verschieden. Die Musiker von In Extremo waren in der DDR von der negativen Haltung des Regimes gegenüber Rock und Punk geprägt. In den frühen 1990ern begann Sänger Michael Rhein im Umfeld der Mittelalterband Corvus Corax seine Tätigkeit auf Mittelaltermärkten, wo sich auch In Extremo vorerst als Kapelle mit ans Mittelalter angelehnten Instrumenten verdingten. Mittelalter und Rock, die anfangs zwei getrennte Sphären waren, in einen Musikstil zu überführen, schien dann nur konsequent. Subway to Sally hingegen begannen ihre musikalische Karriere nicht als Mittelalter-, sondern als Folk-Band. Der Kommentar, sie hätten auch „so Mittelalter-Dinger gespielt", weist die Band weit von sich: „Das ist eine Legende". Das klangprägende akustische Instrument ist dementsprechend auch nicht der Dudelsack, sondern die klassische Geige. Sie versuchen eher, mittelalterliche Kompositionsformen in die Gegenwart zu übertragen.[16]

Einen Beitrag zur Entstehung der Marke „Mittelalterrock" trotz verschiedener Hintergründe und musikalischer Unterschiede leistete das Label Vielklang, bei dem beide Bands unter Vertrag waren, auch wenn sie sich dort nicht vollends wohl fühlten. Bei Vielklang habe 1998 wegen des großen Interesses der Journalisten und der Metalszene sowie einer wachsenden eigenen Szene „Goldgräberstimmung" geherrscht, heißt es in der Biografie Subway to Sallys.[17] Darüber hinaus fanden Subway to Sally, In Extremo und die 1998 in Oberbayern gegründeten Schandmaul Unterschlupf bei derselben Booking-Agentur (Extratours), die heute auch andere erfolgreiche Bands der Szene wie Feuerschwanz im Portfolio haben. 2000 erhielt die Mittelalterrockszene mit dem *Feuertanz* auf der Burg Abenberg ihr eigenes Festival, auf dem sich seitdem die Genregrößen die Klinke in die Hand geben. Doch trotz dieser Klammern sind auch im Laufe der Zeit hinzugekommene Genregrößen musikalisch ganz unterschiedlich sozialisiert. Nicht nur Folk oder Mittelaltermarktmusik fungieren als Türöffner, sondern im Fall von Saltatio Mortis auch die Straßenmusik. Entsprechend gibt es eine erhebliche Bandbreite an Instrumentierungen, musikalischer Zugänge und Images.

Der Kontrast zwischen modernen und „mittelalterlichen" Instrumenten in der Musik spiegelt sich auch in der unterschiedlich stark ausgeprägten Begeisterung für das Mittelalter wider. Die einen Bands verströmen in Interviews große Begeisterung für die Epoche, die anderen stehen ihr eher nüchtern gegenüber. Und auch innerhalb der Bands kann es deutliche Unterschiede geben: So äußert der Bassist von In Extremo, Kay Lutter (Künstlername: Die Lutter), er „habe gar keine" Faszination für das Mittelalter, und der Gitarrist Sebastian Oliver Lange (Künstlername: Van Lange) bekennt, reine Mittelaltermusik ermüde ihn zügig. Anders sieht es bei denjenigen Bandmitgliedern aus, die für mittelalterliche Klänge sorgen: Der ehemalige und mittlerweile verstorbene Dudelsack-Spieler Boris Pfeiffer (Künstlername: Yellow Pfeiffer) war stark an der vorchristlichen Zeit und am Mittelalter interessiert, was aus seiner Arbeit als Handwerker in Museumsdörfern entstanden sei. Harfenist André Strugala (Künstlername: Dr. Pymonte) erzählt von einer regelrechten „Flucht ins Mittelalter" bzw. ins Universum der Mittelaltermärkte, eine Flucht vor der Politik. Die Äußerungen anderer Bandmitglieder sind weniger eindeutig. Michael Rhein erzählt beispielsweise nur von seinem ersten Kontakt zur Mittelaltermusik auf einem Markt – was vermuten lässt, dass sein Interesse rein musikalisch ist. Ein solches Verhältnis äußert der Schlagzeuger Florian Speckardt (Künstlername: Specki T.D.): Das Mittelalter fasziniere ihn zwar, er besuche aber privat keine Mittelaltermärkte. Ihn reize besonders die Mischung von mittelalterlichen Klängen und Sprachen mit Rockmusik.[18]

Bei Subway to Sally gibt es eine regelrechte Abwendung vom Mittelalter in der Bandgeschichte, nämlich zu Beginn des Entstehungsprozesses von *Engelskrieger* (2003). In einem Interview zum Album bekennt Sänger Eric Fish, sich im „Mittelalter-Genre" nie so richtig wohlgefühlt und sich daher davon gelöst zu haben. Bei klassisch-mittelalterlichen Themen scheint sich eine gewisse Ermüdung eingestellt zu haben. „[Wir hatten] die Hofnarren, Henkersbräute und was weiß ich noch schon alle durch und von allen Seiten beleuchtet", so Gitarrist Ingo Hampf. Doch moderne Gegenstände blendet die Band noch immer aus, was die Leute laut Gitarrist Michael Bodenski „zum Teil als mittelalterlich fehlinterpretieren", obwohl andere Bands die Mittelalterklischees viel stärker bedienten. Bodenski, der die meisten Texte für die Band schreibt, stellt seinen dichterischen Stil in die Tradition des 19. Jahrhunderts, wenn er meint, man könne ihn „vielleicht ‚Romantik 2.0'" nennen. Gleichwohl verwendet er doch wieder das Attribut „mittelalterlich", um die Musik des Albums *Post Mortem* (2024) zu beschreiben.[19]

Damit sind wir dort, wo wir angefangen haben. Das Mittelalter stößt in den meisten Metal-Subgenres auf reges Interesse – am seltensten noch im Thrash Metal oder in den jüngeren Genres wie Nu Metal und Metalcore, sieht man einmal vom Video zum Dio-Cover „Holy Diver" von Killswitch Engage ab. Der Blick auf die Epoche war immer von den Perspektiven, Interessen und Wünschen der Bands geleitet. Die Debatten ihrer jeweiligen Zeit griffen sie auf oder blendeten sie bewusst aus. Fast immer war ihr Blick geprägt von Geschichtsbildern aus der Popkultur, der Schule, der Fantasy oder der Romantik. Am häufigsten gilt das Mittelalter als die „gute alte Zeit", der schon die Romantik nachtrauerte. Das Mittelalter ist kein unerreichbarer zukünftiger Idealzustand, kein Utopia, sondern ein lange zurückliegendes „Retrotopia".[20] Und die Vorstellungen von diesem Retrotopia waren von Anfang an von Bauchgefühl, Fantasy und Mythen – aus dem und über das Mittelalter – geprägt.

Um uns ihr Mittelalter als Sehnsuchtsort schmackhaft zu machen, malen es die Bands in bunten oder dunklen Farben und Klängen aus. Wie sie das machen, sehen wir uns in den nächsten beiden Kapiteln an.

4
Das Mittelalter hören

Wie klingt das Mittelalter? Die meisten Bands stellen sich diese Frage nicht. Sie spielen Black Metal, Viking Metal, Power Metal oder eine andere Variante des Metal. Besonders ausgeprägt hingegen ist das klingende Mittelalter innerhalb des Mittelalterrocks. Nahezu das gesamte Repertoire für die Erzeugung eines „mittelalterlichen" Klangs erläutern Subway to Sally im Abschnitt ihrer Bandbiografie zum Album *Bannkreis* (1997). Dazu gehört die Verwendung von

- *mittelalterlichen Melodien* – für das Lied „Das Rätsel" übernahm die Band die Melodie von „C'est la fins" des wohl im 13. Jahrhundert aktiven Trouvère Guillaume d'Amiens; in „Syrah" ist das 1596 veröffentlichte Lied „Flow My Tears" des englischen Komponisten John Dowland zu hören,
- *akustischen Instrumenten*, die selten mit moderner Popmusik verbunden werden – Subway to Sally verwenden auf dem Album zum ersten Mal in der Bandgeschichte Drehleier und Laute,
- *mittelalterlichen Liedformen* – beispielsweise die Motette in „Alle Psallite Cum Luya"; der Choral in „Sanctus".

Hinzu kommen Referenzen auf die Mittelalterszene: So ist im Lied „Syrah" die Sängerin Sigrid „Syrah" Hausen zu hören, die mit ihrer Gruppe Estampie für die Aufführung mittelalterlicher Musik bekannt ist. Diese Stilmittel werden von der Szene mittlerweile auch erwartet: Subway to Sallys folgendes Album *Hochzeit* (1999) wurde dafür kritisiert, „keine wirkliche Mittelaltermusik" mehr zu sein, da die akustischen Instrumente hier stärker in den Hintergrund traten. Derartiger Kritik hielt die Band im Magazin *Heavy oder was!?* entgegen, dass man die in zahlreichen Passagen verfremdete Drehleier leicht mit einem Synthesizer verwechseln könne.[21]

Melodien mit akustischen Instrumenten

Akustische Instrumente wie Drehleiern, Dudelsäcke oder Harfen werden beim Hören wohl aus zwei Gründen als mittelalterlich empfunden: Zum einen ist bekannt, dass es im Mittelalter keine elektrischen Instrumente gab, zum anderen erfüllen solche Instrumente verbreitete Vorstellungen vom Mittelalter. Sie eignen sich also dazu, eine an sich moderne Musik altertümlich wirken zu lassen. Zudem bilden sie einen „weich" und „unschuldig" klingenden Gegensatz zum rauen Klang der verzerrten Gitarren. In Verbindung mit Anleihen bei mittelalterlicher und barocker Tanzmusik stellen diese Klangqualitäten das Mittelalter als „ländlich" und „einfach" dar. Mit solchen Begriffen charakterisierten die Epoche schon französische Schriftsteller des 17. Jahrhunderts und Komponisten der Romantik auf der Suche nach einem nationalen Charakter.

Dieses Ziel teilen die Mittelalterrockbands und vermutlich auch ihre meisten Fans natürlich nicht. Eher scheint es, dass sie diese Instrumentierung als die „klassischen Zutaten des Mittelalter-Metal" betrachten.[22] Dabei achten die Bands mitunter bewusst darauf, die auch vom Publikum erwarteten Trademarks einzuhalten. So bemerkten Subway to Sally während ihrer Vorbereitung zum Album *Foppt den Dämon!* (1996), dass ihnen noch ein Lied mit Dudelsackpart fehlte. Also bastelten sie aus schottischen Reels (ein traditioneller Tanz) und einem Gesangspart, der von der Tochter des Schlagzeugers eingesungen wurde, den Song „Julia und die Räuber".[23] Bei den Bands mit einem entsprechenden Image hat sich also eine gewisse Klangästhetik etabliert: akustische Instrumente, mittelalterlich klingende oder sogar historische Melodien und Texte, teilweise auch historische Liedformen.

Allerdings sind viele musikalische Merkmale, die wir als mittelalterlich empfinden, auch außerhalb des Mittelaltergenres zu finden. Bands, wie zum Beispiel Eluveitie aus der Schweiz, verarbeiten die

Geschichte der antiken Kelten, greifen aber auf eine ähnliche Instrumentierung mit Flöten, Geigen oder Dudelsack zurück und bedienen sich auch ähnlich folkiger Melodien wie manche Mittelalterrockbands, die ja teilweise als Folkbands begannen.

Metal-Genres jenseits des Mittelalterrocks basieren (noch) stärker mit dem Klang verzerrter Gitarren. Entsprechend kommen „mittelalterliche" Elemente hier seltener zum Einsatz, werden dafür mitunter aber prominent platziert. So dominiert eine Nyckelharpa (eine Art Geige, die mit Tasten gespielt wird und mittelalterliche Vorläufer hat) einige Passagen der Songs „The Voyager" und „Ångestens Högborg" von den schwedischen Viking Metalern Thyrfing (*Vansinnesvisor*, 2002) und kommt in anderen Songs gar nicht vor. Das Album *King of Kings* (2015) von Leaves' Eyes wiederum verwendet zwar fast das gesamte Repertoire der Erzeugung mittelalterlichen Klangs, schraubt diesen jedoch innerhalb der Songs so weit zurück, dass die Merkmale des Symphonic Metal im Vordergrund bleiben. In diversen Intros und Interludes stehen die mittelalterlichen Elemente in Form von Anleihen an Pagan Folk (à la Wardruna oder Heilung) wiederum ganz im Vordergrund.

Samples und Effekte

Zur mittelalterlichen Atmosphäre trägt darüber hinaus die Verwendung von Samples bei. Mittelalterfilm-Begeisterten dürfte das Intro des Songs „With Satan And Victorious Weap" (*Word Funeral*, 2003) der schwedischen Black-Metal-Band Marduk bekannt vorkommen. Jemand fragt: „Because you're inspired by the Devil?", worauf eine andere männliche Stimme zunächst ruhig zustimmt und schließlich herausschreit „I am inspired by the Devil!" Das passt natürlich hervorragend zu einem Black-Metal-Lied. Wer aber die Romanverfilmung *Der Name der Rose* gesehen hat, wird einen Mittelalterbezug nicht ausblenden können: die Szene, in der Remigio da Varagine dem Inquisitor seine Schuld bekennt.

Sprache kommt auch in Form von Erzählerinnen und Erzählern zum Einsatz. Dieses Mittel nutzen Grave Digger auf *Knights of the Cross* (1998), in dessen Intro „Deus lo vult" ein Sprecher durch eine knappe Einführung in die Geschichte der Templer auf die Inhalte des Albums vorbereitet. Er stimmt zugleich ein auf eine Zeitreise („So let us undertake a journey into the past"), um ein Gefühl des Eintauchens in die Geschichte zu erzeugen.

Das wird noch häufiger durch Geräusche versucht. Wer denkt nicht an Wikinger, wenn er ein Horn hört? Moonsorrow geben im Intro zum Song „Raunioilla" (*Kivenkantaja*, 2003) fast schon ein kleines Hörspiel wieder: Man hört Glockengeläut, wie es im Metal oft zu hören ist. Durch seine Kombination mit gedämpftem geistlichen Gesang, der an gregorianische Choräle erinnert, führt er uns ins Mittelalter, anscheinend in die Nähe einer Kirche. Der diffuse menschliche Lärm, den man als Kampfeslärm interpretieren könnte, deutet auf einen Überfall hin. Die Glocken rufen also nicht zum Gebet, sondern warnen vor den Angreifern. Ein Tor quietscht, der Gesang wird lauter, der Lärm verschwindet – offensichtlich begleiten wir die Angreifer in die Kirche; das Lied beginnt. Am Ende hören wir wieder den Gesang und eine Glocke, die im Gegensatz zum Intro aber nicht mehr geläutet, sondern gleichmäßig geschlagen wird.

Schon der minimalistische Einsatz von Effekten kann eine maximale Wirkung erzeugen: ein bisschen Hall auf die Stimme eines Sprechers gelegt, und schon sehen wir dem wahnsinnigen Serienmörder Gilles de Rais bei einer Teufelsbeschwörung in einem gotischen Gewölbe zu – Cradle of Filth, „Sweetest Maleficia" (*Godspeed on the Devil's Thunder*, 2008) – oder bei seinem Geständnis in einem mittelalterlichen Verlies – „Midnight Shadows Crawl to Darken Counsel with Life".

Text und Sprache

Einen nicht unerheblichen Teil zum mittelalterlichen Eindruck tragen die Texte bei, nicht nur inhaltlich, sondern auch klangästhetisch. Dass Subway to Sally bewusst moderne Begriffe meiden, habe ich schon erwähnt. Für das Lied „Saxons and Vikings" *(The Great Heathen Army*, 2022) hat Johann Hegg von Amon Amarth nach eigener Aussage „Worte zur Diskreditierung [der Angelsachsen] aus der Wikingerhistorie" gesucht.[24] Eine noch dichtere Atmosphäre als einzelne Wörter vermögen ganze Texte in alter Sprache zu erzeugen. Durch sie treten die Fans vermeintlich unmittelbar mit der Vergangenheit in Kontakt. Vor allem im Mittelalterrock ist die Bandbreite an verwendeten Sprachen erheblich. Michael Rhein von In Extremo listet in einem Interview die auf dem Album *7* (2003) zu hörenden Sprachen auf: Altportugiesisch, Altspanisch, Altfranzösisch und Althochdeutsch.[25] Auf anderen Aufnahmen sind öfters Mittelhochdeutsch (in einer regionalen Variante), Altnordisch und Latein zu finden. Natürlich kann kein Mensch so viele Sprachen beherrschen. Insofern schleichen sich bei der Übersetzung und der Aussprache der Texte zwangsläufig Fehler ein. Ohnehin aber wird die Aussprache von Menschen des 20. und 21. Jahrhunderts wohl nie die der mittelalterlichen Menschen sein. „Klangliche Authentizität" bei der Vertonung mittelalterlicher Texte ist zumindest teilweise eine Fiktion. Zu bedenken ist auch, dass nicht jeder Songtext in einer mittelalterlichen Sprache getreu seiner mittelalterlichen Fassung gesungen wird. Den Text zu „Nature Nous Semont" (*Sünder ohne Zügel*, 2001) ließen In Extremo aus dem Altprovenzalischen ins Französische, schließlich ins Deutsche übersetzen. Nachdem die Band ihn umgetextet hatte, ließ sie ihn wieder zurückübersetzen.[26]

Sprachen jenseits des Englisch werden oft auch verwendet, um die eigene Identität zu unterstreichen. Viele skandinavische Bands nutzen ihre Landessprachen oder regionale Dialekte, um ihre Verwurzelung auszudrücken. Aber auch für die Niederländer Heidevolk

„schien [es] einfach natürlich, in unserer Muttersprache zu singen."[27] Subway to Sally wollen die Verwendung ihrer Muttersprache nicht als patriotischen Akt, sondern als Fortführung und Anknüpfung an deutschsprachige Lyrik und Kunst verstanden wissen. Ihren zwischenzeitlichen Wechsel ins Englische begründen sie damit, dass nach dem Ende der DDR der in einfachen deutschen Texten von Ostbands mitklingende Subtext nicht mehr verstanden worden sei. Aber auch um Anpassung an den Markt sei es gegangen. Schließlich hätten sie aber festgestellt, dass man auch gehaltvolle deutsche Texte verfassen könne.[28]

Über den Ursprung der Texte und ihrer Inhalte sind sich die Bands oftmals selbst nicht mehr ganz im Klaren. Mal stammen sie aus dem erarbeiteten Fundus einer Band, mal aus einer gezielten Suche in Bibliotheken, ein anderes Mal handelt es sich um „altes deutsches Liedgut, das [... jemand] irgendwo aufgeschnappt hatte."[29] Mit der Vorlage für eines ihrer populärsten Lieder, die „Merseburger Zaubersprüche" (*Verehrt und angespien*, 1999), kamen die Bandmitglieder von In Extremo bereits in der Schule in Kontakt.[30] Die färöische Band Týr vertont traditionelle Balladen von den Färöern, die *Kvæði*, von denen teilweise angenommen wird, dass ihre Ursprünge melodiös wie textlich bis ins Mittelalter zurückreichen. Oft beziehen die Bands ihr Repertoire aus denselben Handschriften – der Fundus mittelalterlicher Texte ist begrenzt – oder lassen sich von der Liedauswahl anderer Bands inspirieren, was zur Folge hat, dass es von bestimmten Liedern zahlreiche Interpretationen gibt. Subway to Sallys Eric Fish klagt, er habe „auf Festivals durchaus bei acht Bands siebenmal das gleiche Lied" gehört.[31]

Ein Blick auf In Extremo zeigt, dass die Merseburger Zaubersprüche bereits von Ougenweide (*All die Weil ich mag*, 1974) vertont wurden. „Herr Mannelig" (*Verehrt und angespien*) wiederum ist auf einem Album der schwedischen Folkband Garmarna (*Guds spelemän*, 1996) zu finden. Diese Praxis hat für Unstimmigkeiten zwischen den

Bands gesorgt. So waren Garmarna nicht sonderlich angetan, dass „ihr" Lied von einer deutschen Mittelalterrockband ins Repertoire aufgenommen wurde. Seltsame Blüten trieb der Streit zwischen In Extremo und Subway to Sally um „Erdbeermund", einen Text, den beide Bands für einen Song verwendet haben. Nur vermeintlich handelt es sich um die Übersetzung eines Gedichts des spätmittelalterlichen französischen Dichters François Villon. Tatsächlich war es der 1881 geborene Paul Zech, der den Stücken Villons in seiner Sammlung *Die Balladen und lasterhaften Lieder des Herrn François Villon* eigene Gedichte im Stil Villons hinzufügte – darunter „Erdbeermund". Subway to Sally verwendeten den Text auf *MCMXCV* (1995), acht Jahre später veröffentlichten In Extremo ihre Version auf *7*. Das führte zu dem Vorwurf, In Extremo habe Subway to Sally nachgemacht, der sich auch in Subway to Sallys „Rätsel II" (*Nord Nord Ost*, 2005) niederschlägt: „Wer hat zuerst den Erdbeermund geküsst?" Zusammenfassen lassen sich die Positionen wie folgt: Mitglieder von In Extremo seien schon immer Fans von Villon gewesen, es habe schon vor Subway to Sally zahlreiche Interpretationen des Gedichts gegeben und ohnehin gebe es kein geistiges Eigentum für die Vertonung von Gedichten anderer. Subway to Sally wiederum betonen die lange Recherche, um den Text zu finden, seine Rolle für die Entwicklung des eigenen Stils und dass Gitarrist Bodenski großer Fan von Paul Zech sei.[32]

Abgesehen davon, dass In Extremo den Text in ihrer Biografie immer noch für eine Übersetzung eines mittelalterlichen Texts halten, ist deutlich, dass die Seltenheit (vermeintlich) historischen Liedguts einiges an Konfliktpotenzial birgt. Denn einmal „ausgegrabene" Lieder sind bekannt und urheberrechtlich nicht geschützt. Sie sind also leicht zu adaptieren, während die Recherche nach „neuem alten" Liedgut aufwendig ist. Andererseits geben Bands sich gern als „Entdecker" – und möchten von einem solchen Image auch profitieren. Das Spannungsverhältnis zwischen individuellem Entdeckergeist und der Suche nach funktionierenden Liedern scheint unauflöslich.

Indessen fühlten sich Subway to Sally nicht ganz zu Unrecht schlecht behandelt. Denn dass man die Sache auch anders handhaben kann, haben In Extremo in einem anderen Fall demonstriert: Das Lied „Poc Vecem" (*Mein rasend Herz*, 2005) zu vertonen, „ging natürlich nur mit der Erlaubnis von Robert", heißt es in ihrer Biografie.[33] Gemeint ist Robert Beckmann von den Inchtabokatables, der das Lied vorher auf Mittelaltermärkten gespielt hatte. Hier hat man also das Einverständnis des vorherigen Interpreten eingeholt und bekommen.

Dass es verführerisch ist, manche Klassiker immer wieder neu zu vertonen, liegt auch an der Musik. Für Jörg Roth, den Sänger von Saltatio Mortis (Künstlername: Alea der Bescheidene), bestechen Klassiker durch ihre musikalische Überzeugungskraft:

> [D]ie Top Ten des Mittelalters funktioniert überall auf der Welt! Ein „Palästinalied" oder eine „Skudrinka" kann man von Afrika bis ans Nordkap spielen, und die Leute tanzen dazu – das ist die universelle Kraft einer guten Melodie.[34]

Und diese Melodien klingen sehr mittelalterlich, muss man hinzufügen. Die Melodie des „Palästinalieds" von Walther von der Vogelweide wirkt wegen seiner Tonart mystisch und melancholisch und enthält Elemente, die in liturgischer und weltlicher Musik des Mittelalters verbreitet waren. Deswegen wirkt das Lied für moderne Ohren typisch mittelalterlich, was ein wesentlicher Höranreiz ist. Die fehlende Überlieferung von Rhythmus und Begleitung bietet wiederum genug Freiraum für moderne Adaptionen und Interpretationen. So können sich mehrere Bands an demselben Material bedienen, ohne sich zwangsläufig gegenseitig das Wasser abzugraben. Der freie Umgang mit der mittelalterlichen Musik und die Reproduktion bereits gehörter Lieder in der Marktmusik und im Mittelalterrock ist der Verbreitung von Musik im Mittelalter nicht unähnlich. Musik wurde nicht notiert und weitergegeben, sondern abgeschaut und dabei zu einem erheblichen Maß variiert.

Die Frage der Suche nach mittelalterlichen Texten spielt aber vor allem für Bands des Mittelalterrocks eine größere Rolle. Weiter verbreitet im Metal sind Texte über das Mittelalter, nicht aus dem Mittelalter. Dabei orientieren sich die Bands zwar oft an konkreten Szenarien oder Werken, verwenden diese aber nicht unmittelbar als Songtext. Sepultura adaptieren auf ihrem Album *Dante XXI* (2006) die *Göttliche Komödie* des spätmittelalterlichen italienischen Dichters Dante Alighieri, binden den Stoff aber in ihrer Nacherzählung – wie viele andere Bands – in einen aktuellen Kontext ein. Mit den Inhalten der Bands werden wir uns in den späteren Kapiteln noch intensiv beschäftigen.

Melodien, Instrumente, Texte, Samples – schon das akustische Repertoire, um unser Gehör und unser Nachdenken zu beflügeln und Mittelalterlichkeit zu erzeugen, ist beachtlich. Eine noch größere Sogwirkung entfaltet das Hörerlebnis, wenn es durch visuelle Faktoren unterstützt wird.

5
Das Mittelalter sehen

Wie sieht das Mittelalter aus? Nach einer Antwort müssen wir nicht lange suchen, denn der Metal ist eine ausgeprägt visuelle Kultur. Auf Covern, Bandlogos, Bühnenaufbauten, Shirts und anderen Fanartikeln der Bands finden sich mittelalterlich anmutende Waffen, Burgen und Kunststile – oft auch dann, wenn die Bands das Mittelalter klanglich nicht aufgreifen. Statt eines umfassenden Überblicks wollen wir uns anhand dreier Beispielthemen – Albumcover, Schrift und Bandinszenierung auf Bühnen und in Videos – auf zentrale Aspekte beschränken. „Mittelalterlich" meint auch in diesem Zusammenhang meist nicht, dass die Erzeugnisse der Bands „Originale" zeigen. Oft imitieren ihre Darstellungen eine mittelalterliche Ästhetik oder zeigen – frei nach dem Motto „alles vor dem 19. Jahrhundert ist gleich Früher" – jüngere Dinge mit dem Ziel, den Eindruck einer anderen Zeit zu erzeugen. Das akzeptieren wir gerne, nehmen wir das Mittelalter doch häufig eingebettet in unsere Umgebung (z. B. mittelalterliche Gebäude umgeben von neueren) oder aus zweiter Hand wahr (etwa vermittelt durch Mittelalter- oder Fantasyfilme). Für viele ist der Geschichtsunterricht schon eine Weile her, sodass wir nicht immer ganz treffsicher bei der Unterscheidung historischer Epochen sind bzw. verschiedene Epochen in unseren Köpfen miteinander verschmelzen. Daher gilt: Was für uns mittelalterlich aussieht, bestimmen meist unsere Sehgewohnheiten und das sich daraus ergebende Gefühl, nicht zwingend unser Wissen über das Mittelalter.

Albumcover

Dementsprechend zeigt das Cover zu Bathorys Album *Hammerheart* (1990) keine archäologischen Überreste, sondern ein Gemälde des englischen Malers Frank Bernard Dicksee von 1893. Muskulöse Männer, deren Köpfe teilweise mit Hörnerhelmen bedeckt sind, schieben ein Schiff mit Drachenkopf in die Wellen. Darauf befindet sich ein brennender Scheiterhaufen, auf dem ein Mann in Rüstung liegt. An Land recken die versammelten Männer ihre Hände oder Waffen zu einem letzten Gruß in die Höhe. Auch wenn die Darstellung vollkommen ahistorisch ist – oder gerade weil das Bild verbreitete Vorstellungen bedient und nicht einen schwerer zugänglichen wissenschaftlichen Kenntnisstand oder gar archäologischen Befund repräsentiert –, ist klar, was zu sehen ist: eine Wikingerbestattung.

Eine andere Form des Covermotivs dürfte auf Sword and Sorcery oder Fantasy insgesamt zurückgehen: die Darstellung von hypermännlichen Kriegern in kampfbereiter oder triumphierender Pose, etwa thronend als Wikingerhäuptling (Enslaved, *Eld*). Auf dem Albumcover zu *Gods of War* (2007) von Manowar ist der Triumph doppelt: über einen Gegner, darauf deuten die in die Höhe gereckten blutigen Schwerter der Kämpfer hin, und über die Frauen, die sich nackt zu ihren Füßen räkeln (zur Darstellung von Frauen ► Kap. 12). Verbreitet sind auch Szenen, die Krieger in Aktion zeigen; die Bandbreite der Gegner reicht von finsteren Gestalten (Hammerfall, *Crimson Thunder*, 2002) bis hin zur ganzen Welt (Amon Amarth, *Versus the World*, 2002). Gewissermaßen dasselbe in Grau zeigt das auf den Black Metal zugeschnittene Cover zu *Dark Medieval Times* von Satyricon (► Abb. 5). Zwar reckt der Krieger auf einem sich aufbäumenden Pferd eine riesige Axt in die Höhe, verschmilzt jedoch fast Ton in Ton mit seiner finsteren, lebensfeindlichen Umgebung, einer von Schluchten durchzogenen, nebligen Landschaft mit toten Bäumen und einer Raum ergreifenden Festung.

Abb. 5: Kein Ort für einen Entspannungsurlaub – das bildgewordene finstre Mittelalter auf dem Cover von Satyricons *Dark Medieval Times*.

Während sich diese Beispiele an modernen Verarbeitungen des Mittelalters orientieren, folgen andere historischen Vorbildern, was aber oft nicht leicht zu erkennen ist. Für das augenscheinlich moderne Cover zu Slayers *Reign in Blood* (1986) von Illustrator Larry Carroll stand zum Beispiel mittelalterliche Sakralkunst Pate, in der die Leiden der sündigen Menschen in der Hölle explizit ausgemalt werden. So sieht man den Höllenfürsten, der Menschen verstümmeln, erstechen oder aufhängen lässt. Nicht weniger modern erscheint das Albumcover von Celtic Frosts *Into the Pandemonium* (1987, ▶ Abb. 6), ist allerdings dem spätmittelalterlichen Triptychon *Der Garten der Lüste* von Hieronymus Bosch (Ende des 15. Jh.) entnommen. Der verwendete Ausschnitt ist ein Teil des rechten Flügels, der die Hölle zeigt, und weist einen hohen Detailgrad auf, der kaum etwas mit der häufig mit dem Mittelalter assoziierten Schlichtheit zu tun hat. Deswegen, wegen der bizarren Landschaft sowie des Spiels von Licht und Rauch dürften viele das Cover eher als moderne Fantasydarstellung denn als spätmittelalterliches Gemälde wahrnehmen.

Abb. 6: Mordor oder eine spätmittelalterliche Höllendarstellung? Celtic Frost, *Into the Pandemonium*.

Mehr Leute dürften die im Metal beliebte Ästhetik der Gotik als mittelalterlich erkennen, auch wenn sie den Namen des Kunststils vielleicht nicht benennen können. Neben den berühmten architektonischen Aushängeschildern des Kölner Doms und Notre-Dames in Paris gibt es in vielen Städten Deutschlands und Europas gotische Bauwerke. Die Gotik hat einen hohen Wiedererkennungswert mit ihren Spitzbögen und aufstrebenden Formen, die einfach und abstrakt aufgreifbar sind. So zeigt das ältere Bandlogo von At the Gates eines bzw. drei abstrahierte gotische Kirchenfenster (► Abb. 7). Weniger abstrakt hingegen zeigt das Albumcover zu *MCMXCV* von Subway to Sally hinter einem Kuhkopf ein oftmals in gotischen Kirchen zu findendes rundes Fenster, eine Fensterrose. Laut Band ist das Fenster

> ein Hinweis auf die zweite musikalische Säule, Gothic, und gleichzeitig ein Bekenntnis zu unserem abendländischen Verständnis von Kunst, das sagen sollte: Wir suchen nach einer eigenständigen Musik, die nicht nach fernen Vorbildern verlangt, sondern die sich aus unseren eigenen Wurzeln speist, die direkt unter unseren Füßen liegen.[35]

Hier haben wir ein Nebeneinander von der künstlerischen Rezeption einer Epoche und deren Verbindung mit der eigenen Identität, was uns noch an verschiedenen Stellen beschäftigen wird (► Kap. 10 und 11). Ähnlich begreifen andere deutsche und skandinavische Bands germanische bzw. wikingerzeitliche Kunst und Geschichte als Bestandteil ihrer Identität und integrieren entsprechende Kunststile in ihr Artwork.

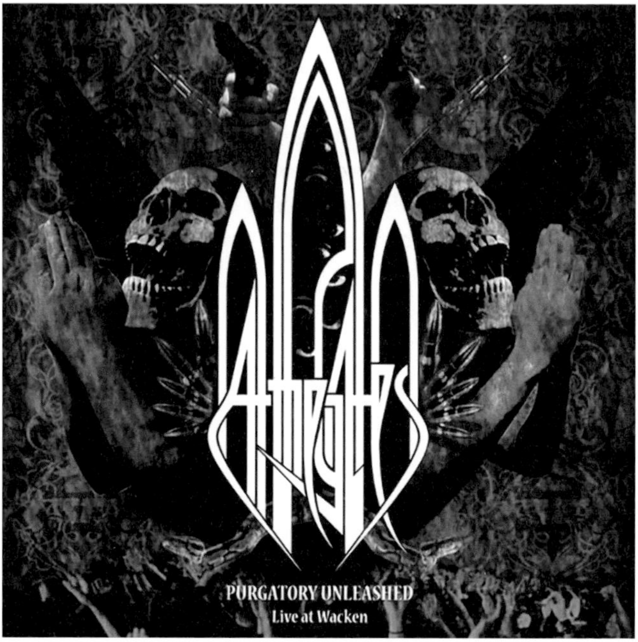

Abb. 7: Auf *Purgatory Unleashed. Live at Wacken* (2010) kam das alte Bandlogo von At the Gates mit den gotischen Fenstern noch einmal zum Einsatz.

Die visuelle Darstellung passt zum jeweiligen Bandkonzept und lässt sich mit den genretypischen Konventionen vereinbaren. So sind im Black Metal, aber auch im Gothic oder Doom Metal, Holzschnitte recht beliebt. Mit ihrer Schwarz-Weiß-Optik und einem oftmals „bösen" Bildprogramm – Dämonen, Satan, Gewalt – fügen sie sich gut in die düstere Ästhetik der Bands ein. Da die Technik des Holzschnitts bis heute benutzt wird, ist meist unklar, ob hinter ihrer Verwendung eine bewusste Anlehnung an das Mittelalter steckt. Zwischen Mittelalter und Früher Neuzeit ist das Cover zu *Faith Divides Us – Death Unites Us* (2009) der englischen Doom-Death/Gothic-Metal-Ikonen Paradise Lost anzusiedeln: Das Motiv – ein mit Bischofshut und Krummstab ausgestatteter Tod zieht einen Abt hinter sich her – ist eines von mehreren aus dem großen Totentanz Hans Holbeins des Jüngeren aus dem Jahr 1538. Der Totentanz ist ein klassisches Motiv der mittelalterlichen und frühneuzeitlichen Kunst; Totentänze zeigen den Tod im Reigen mit Personen aller Stände, mit Königen, Adligen, Mönchen, Bürgern, Bauern. Sie mischen religiöse Aussagen – „Bereite dich durch ein frommes Leben auf die Begegnung mit deinem Schöpfer vor! Jeder wird sterben, Ansehen und Reichtum werden dir nicht helfen!" – mit Gesellschaftskritik. Negative Eigenschaften der gezeigten Personen werden vorgeführt; Königtum, Adel, Geistlichkeit u. a. bekommen ihr Fett weg (▶ Abb. 8).

Abb. 8: Hans Holbein der Jüngere, *Der Apt* (1538), Holzschnitt aus Holbeins Totentanz. Ringelreihe mit dem Tod: ein passendes Motiv für das erwähnte Paradise-Lost-Album.

Handelt es sich bei der Verwendung des Holzschnitts um eine bewusste Anlehnung an das Mittelalter? Auch wenn das Entstehungsjahr knapp in der Frühen Neuzeit anzusiedeln ist, könnte man bei der zeitlichen Einordnung ein Auge zudrücken, zumal die Menschen nicht plötzlich ab dem 1.1.1500 (welches Jahr oft als Ende des Mittelalters angesehen wird) eine andere Weltsicht hatten. In Bezug auf „bewusst" wird es schwieriger: die Intention der Band dürfte wohl nicht gewesen sein, „mittelalterlich" zu wirken. Das morbide Motiv, das Vergänglichkeit und Tod ausdrückt, ist einfach ein passendes Pendant zu den Texten der Band. Das verdeutlicht die Parallele zu Marduks *Memento Mori* (2023), für das unter anderem der *Sterbespiegel* Rudolf und Conrad Meyers, ein Totentanz aus dem 17. Jahrhundert, Pate stand. Ein Skelett mit Engelsflügeln, das eine Sanduhr in der einen und eine Sense in der anderen Hand hält – nichts könnte den barocken Vanitas-Gedanken besser symbolisieren, den auch der Albumtitel aufnimmt („Bedenke, dass du sterben wirst"). Mit dem Mittelalter hat das freilich nichts mehr zu tun, könnte aber wegen der Holzschnittästhetik anders empfunden werden.

Zu guter Letzt sollten wir uns vor Augen führen, dass viele gestalterische Entscheidungen zufällig oder ohne jegliche Berücksichtigung historischer Faktentreue getroffen werden. So war das Mittelalter für die Gothic/Doom-Metal-Band Type O Negative eine Verlegenheitslösung. Das Albumcover zu *Origin of the Feces* (1992) zeigt eigentlich einen gespreizten After, was in den USA zum Erscheinungszeitpunkt wohl nur schwer verkaufbar war. Die zwei Jahre später erschienene Neuauflage zierten dann ohne Bezug zum Titel des Albums die tanzenden Gerippe, die der Nürnberger Maler Michael Wolgemuth für die 1493 gedruckte *Schedelsche Weltchronik* angefertigt hatte.

Schriftart

Der Holzschnitt auf dem Cover von Candlemass' *Tales of Creation* (1989) stammt zwar aus dem 19. Jahrhundert und unterscheidet sich doch sehr von der Ästhetik des 15. und16. Jahrhunderts. Aber der in Fraktur geschriebene Bandname könnte dem Cover einen mittelalterlichen Touch verleihen. Neben bildlichen Darstellungen kann Schrift ein wichtiger Faktor sein, uns auf das Mittelalter einzustimmen. Sie macht das eher unterschwellig, tritt doch die Schrift oft hinter das zurück, was geschrieben steht.

Speziell bei Frakturschrift ist die mit ihrer Ästhetik verbundene Symbolik mehrdeutig. Mit ihren gebrochenen Rundungen wirkt sie kantig und hart. Das passt gut zu Subkulturen, in denen Härte eine Rolle für die Musik oder das Künstlerimage spielt, beispielsweise im Hardcore Punk oder im Hip-Hop. Im Metal wird Frakturschrift seit Aufkommen des Genres in den 1970ern verwendet. Zu ihren Verwendern zählen viele Bands, die als Begründer des Genres (z. B. Black Sabbath) oder eines Subgenres (z. B. Bathory) gelten. Ihre Verbreitung kann man in vielen Fällen also auch als Ausdruck eines Traditionsbewusstseins der Szene oder der Orientierung an Genrekonventionen interpretieren. Oft wird Fraktur als schwer lesbar empfunden. Auch das passt nahtlos in die Ästhetik vieler Extreme-Metal-Bands, deren Namen man oft nur entziffern kann, wenn man ihn kennt.

Fraktur als Druckschrift (und generell der Buchdruck) kam erst um den Epochenwechsel zur Frühen Neuzeit auf. Dennoch kann ihre Verwendung durchaus eine – manchmal unbewusste – Anlehnung an hoch- und spätmittelalterliche gotische Schriften sein. So wie gotische Kirchen nach oben streben, so auch die Buchstaben gotischer Schriften. So wie die Fenster nicht mehr rund- sondern spitzbogig sind, so werden die Rundungen der Buchstaben gebrochen, wodurch sie kantig und spitz wirken. Fraktur als Anlehnung an mittelalterliche Schriften verwendet beispielsweise die englische Death-Metal-Band Sarpanitum: Auf dem Cover von *Blessed Be My Brothers* (2015), das sich mit den Kreuzzügen und dem Byzantinischen Reich beschäftigt, wird der Albumtitel in Fraktur geschrieben, nicht aber für *Despoilment of Origin* (2007), das sich der sumerischen, babylonischen und mesopotamischen Mythologie widmet. Auch die norwegische Viking-Metal-Band Enslaved schreibt ihren Bandnamen seit dem Album *Isa* (2004) in einer gebrochenen Schrift.

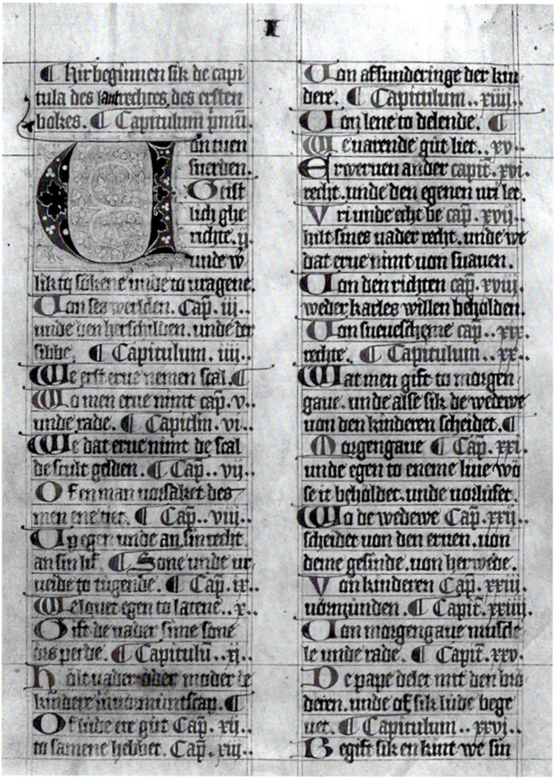

Abb. 9: Frakturschrift suggeriert Mittelalterlichkeit aufgrund ihrer Ähnlichkeit mit gebrochenen Schriften des Mittelalters, wie der hier zu sehenden Textura (Codex Palatina germanici 167, fol. 2r / UB Heidelberg).

Beide Bands haben Schriftarten ausgewählt, die erst etliche Jahrhunderte nach den historischen Szenarien entstanden sind, die sie in ihrer Musik und ihrem sonstigen Auftreten verarbeiten. Schriftgeschichte gehört außerhalb von Fachkreisen nicht zu den verbreiteten Kenntnissen, sodass die meisten mittelalterliche Schriften maximal der Epoche, selten aber einem näher bestimmten Zeitraum zuordnen können dürften. Der Einsatz mittelalterlicher Schriften vermittelt daher oft nur den Eindruck eines vagen „Früher".

Das gilt besonders für die Frakturschrift, anhand der auch die fehlende Präzision solcher historischen Anspielungen gut ersichtlich ist. Außerhalb Deutschlands außer Mode geraten und somit propagandistisch nicht mehr nutzbar, wurde sie von den Nationalsozialisten 1941 verboten. Das konnte nicht verhindern, dass Fraktur bis heute mit dem Image des „hässlichen Deutschen" (Pickelhaube, Völkermord und Großmannssucht) verbunden wird. Aber auch mit dem Nordischen verbindet man die Fraktur, denn sie wurde nicht nur als deutsche Schrift gesehen, sondern in Skandinavien auch als dänische, norwegische oder schwedische. Daraus ergeben sich – neben dem Mittelalterverweis – zwei weitere Verwendungskontexte: Die einen dürften Fraktur für den Ausdruck ihrer „Northernness" verwenden, so wie Bands der frühen Phase des Heavy Metal Umlaute in ihre Namen (Motörhead, Mötley Crüe) einbauten, um wahlweise „germanisch", skandinavisch, europäisch oder allgemein exotisch zu wirken. Andere verwenden Fraktur als visuelle Referenz für Weltkriegsthemen (z. B. Kanonenfieber, *Urkatastrophe*, 2024). Aus einem ähnlichen Gedanken heraus, aber mit vollkommen unterschiedlicher Zielsetzung, nutzen auch rechtsextreme Kreise die als „besonders deutsch" empfundene Frakturschrift. Ihr haftet also ein allgemeiner Touch der Vergangenheit an. Dieser lässt sich nutzen, um auf das Mittelalter oder die Neuzeit, die Geschichte des Metal, politische Anschauungen oder Charaktereigenschaften zu verweisen. Wer soll da noch den Überblick behalten? Oft muss man ganz genau hinschauen, Interviews und Texte lesen, Bilder und Videos anschauen, um sich über den Verwendungskontext und die Intention der Bands im Klaren zu sein.

Ein anderes Schriftkonzept verwenden Amon Amarth (▶ Abb. 10). Auch wenn nicht alle Buchstaben eindeutig einer Schriftart zuzuordnen sind, scheint die von ihnen am meisten verwendete Schrift an die insulare Halbunziale angelehnt zu sein. Diese Schrift wurde in Irland ab der Christianisierung verwendet und kam im 7. Jahrhundert über irische Mönche nach England. Mit ihren runden und breiten Buchstaben ist sie quasi das Gegenteil der gotischen Schrift. Eine der bekanntesten Handschriften in insularer Halbunziale ist das reich verzierte *Evangeliar von Lindisfarne* (vor 721), das ausgerechnet in genau dem Kloster angefertigt wurde, dessen Überfall durch die Wikinger als Anfang der Wikingerzeit gilt. Dass die englischen Doom Metaller von Cathedral auf vielen Alben eine an diese Schrift angelehnte Variante für ihren Bandnamen nutzen, erscheint schlüssig. Hingegen entbehrt es nicht einer gewissen Ironie, dass ausgerechnet Amon Amarth, die Verkörperung des Wikingerimages schlechthin, die Schrift „ihrer Opfer" verwenden. Auch die härteste Wikingertruppe kann sich den Lesegewohnheiten und -fertigkeiten ihrer Fans nicht entziehen. Die sind nun einmal lateinische Buchstaben und nicht Runen gewöhnt, die die Designer der Band vollkommen authentisch in die Schriftart hätten integrieren können. Dem Alphabet der insularen Halbunziale wurden in Nordengland für die Aufzeichnung altenglischer Texte nämlich einzelne Runen hinzugefügt, zum Beispiel das Thorn (Þ), das dem stimmlosen th entspricht.

Runen sind v. a. bei Bands des Viking und Pagan Metal ein Kernbestandteil der visuellen Darstellung. Wenn nicht einzelne Runen das Cover zieren – Enslaved, *E* (2017) oder Varg, *Zeichen* (2020) –, sondern Inhalte transportiert werden sollen, verwenden die Bands oftmals keines der historischen Runenalphabete, denn die wären schwer lesbar. Stattdessen liegt etwa der Gestaltung des Albumtitels auf dem Cover von Bathorys *Hammerheart* ein lateinisches

Abb. 10: Keine „Wikingerschrift" bei Amon Amarth: Backcover von *The Great Heathen Army.*

Alphabet mit Buchstaben zugrunde, die wie Runen aussehen, weil sie keine Rundungen und keine Horizontale aufweisen. Auf diese Weise meistern die Bands einen Spagat zwischen der konsequenten Umsetzung ihres oftmals mit weitgehenden Authentizitätsvorstellungen verbundenen, künstlerischen Konzepts auf der einen und der Zugänglichkeit auf der anderen Seite. Ohne nennenswerten Verlust an Verständlichkeit kann man sich von der Masse der Bands am einfachsten durch Abweichungen von Schreibweisen des heute gebräuchlichen Alphabets abheben. So schreiben sich Subway to Sally offiziell mit „v", also „Svbway to Sally", weil es in der Sprache des Mittelalters, Latein, kein „u" gibt.[36] So auffällig wie das wohl bekannteste Beispiel außerhalb des Mittelalterkosmos, das spiegelverkehrte große R im Logo von Korn, ist das allerdings nicht.

Auf der Bühne und im Video

Live versuchen die Bands, ihr Publikum durch die Auswahl der Auftrittsorte, Kostümierungen und Bühnenshows ins Mittelalter zu versetzen. Angesprochen auf ihre „Burgentour", auf der In Extremo Konzerte auf Burgen, Schlössern und Festungen spielte, zeigte sich der Sänger der Band, Michael Rhein, begeistert:

> Das ist der Hammer. Praktisch wie Fasching. Die Leute kommen verkleidet, haben eine wahnsinnig gute Zeit dort und wir feiern mit denen lang und ausgiebig. Und klar, eine besondere Atmosphäre der Burgen ist Pflicht. Es muss alt sein, toll aussehen, alte Gemäuer, Geschichte, die dich praktisch anspuckt. Ich glaube, die Leute finden das gut.[37]

Klarerweise geht es Bands wie In Extremo nicht darum, ein wissenschaftlich-authentisches Bild vom Mittelalter anzubieten, Ziel ist ein atmosphärisches Erlebnis. Die Auswahl von Auftrittsorten mit Vergangenheitsbezug (auch Saltatio Mortis luden 2025 zu einer Burgentour) trägt erheblich dazu bei. Allerdings ist zweitrangig, ob die Konzerte auf mittelalterlichen Burgen, frühneuzeitlichen Festungen oder an anderen Orten stattfinden, die an Mythen des Mittelalters anknüpfen. So enthält das erste Livealbum von In Extremo (*Live 2002*, 2002) neben den Mitschnitten zweier Festivalauftritte die Videoaufnahmen eines Konzerts, das direkt neben dem Kaiser-Wilhelm-Denkmal am Kyffhäuser gespielt wurde (▶ Abb. 1). Vordergründig dürfte das Denkmal bei der Auswahl der Spielstätte eine untergeordnete Rolle gespielt haben, entscheidend dürfte sein Platz innerhalb der Oberburg der im 12. Jahrhundert fertiggestellten Reichsburg Kyffhausen gewesen sein. Doch ihren hohen Bekanntheitsgrad erhielt die Burg erst durch die Errichtung des Denkmals, das den Mythos vom mittelalterlichen Kaiser Friedrich Barbarossa mit der Verehrung Kaiser Wilhelms I. verband (▶ Kap. 2). Insofern knüpfen In Extremo, ob bewusst oder unbewusst, für die Erzeugung von Atmosphäre an eine kaiserzeitliche Tradition an.

Seine Alltagskleidung durch eine mit historischem Anschein zu ersetzen, ist eine beliebte Freizeittätigkeit und Bestandteil traditioneller Feste. Sinn und Zweck sind oft verschieden: einmal in eine andere Rolle schlüpfen, Eskapismus, das Nachspielen historischer Begebenheiten – irgendwo dazwischen sind die kostümierten Auftritte mancher Bands anzusiedeln. Für sie ist es ein bedeutender Bestandteil des Bandkonzepts, nicht nur in szenetypischer Kleidung (Lederkleidung, Kutte, Bandshirts usw.) aufzutreten, sondern das Mittelalter auch durch Kostümierung visuell auf die Bühne zu bringen. Bei In Extremo hatte sich ein Stil etabliert, dem man seine Wurzeln in der frei interpretierten Mittelaltermarktkleidung ansehen konnte: hier ein Lederelement, dort eine gestreifte Hose oder ein Rock, ein kleines Rüstungsteil auf der Schulter. Ein Blick auf die Bandportraits der Jahrtausendwende, zum Beispiel auf dem Cover zu *Verehrt und angespien* (1999), macht klar, warum die Band für ihren Gastauftritt im Fantasy-Universum des Computerrollenspiels *Gothic* (2001) optisch kaum angepasst werden musste. Inzwischen tritt die Band immer öfter – so in ihrem Bühnenoutfit noch historische Anleihen zu finden sind – in Kostümen auf, die an bürgerliche und militärische Kleidung des 18. und19. Jahrhunderts angelehnt sind. Auch Saltatio Mortis haben eine Entwicklung vom bunten zum gesetzteren, schwärzeren Bühnenoutfit durchlebt.

Auf der Bühne tut sich auch ansonsten sehr viel. Powerwolf aus Saarbrücken treten beispielsweise öfters in einer gotischen Ruinenlandschaft auf, In Extremo haben gelegentlich ein Schiff auf der Bühne, das an ein Langschiff erinnert. Manche Bands holen sich sogar Verstärkung von Reenactment-Gruppen, um das Mittelalter auf der Bühne auch durch Schauspiel aufzuführen. Wegen der Kosten kommt das letztlich aber nur für größere Metalbands infrage. So hatten Manowar auf ihrer „Demons, Dragons & Warriors-World Tour 2007" Wikingerdarsteller in einem Drachenboot dabei, die auf der Bühne rituelle Handlungen mimten, während auf das Segel ein Überfall auf ein Dorf projiziert wurde. Drachenboot und Wikinger, die von der aus Deutschland stammenden Reenactment-Gruppe „Jomswikinger" dargestellt werden, sind regelmäßig auch bei den Auftritten Amon Amarths zu sehen. Diese Form der Bühneninszenierung markiert einen Unterschied zwischen Metal und Mittelalterrock: Während Bands des Mittelalterrocks das Mittelalter optisch frei interpretieren (wenn es sich überhaupt optisch niederschlägt) und als „bunte Hunde" auftreten, scheinen die meist in Schwarz auftretenden Metalbands – zumindest bei der Darstellung von Wikingern – Wert auf größere Ernsthaftigkeit, teilweise auch auf historische Genauigkeit zu legen. Wenn sie sich kostümieren, dann nicht im Stil des bunten Marktmittelalters. Die Mitglieder der niederländischen Pagan-Metal-Band Heidevolk etwa treten in Oberteilen auf, die an spätantike oder frühmittelalterliche Tuniken erinnern. Im Falle des Viking und Pagan Metals spielt das Historische eine große Rolle für die Identität der Bands. In einem Fall wie Manowar dürfte weniger das Bestreben um historische Genauigkeit als vielmehr die Orientierung am Wagner'schen Gesamtkunstwerk und Pathos ausschlaggebend sein und den ernsten Auftritt auf der Bühne erklären.

Wenn sich Bands für ihre Geschichtsdarstellung an wissenschaftlichen Erkenntnissen orientieren, dann meist eher indirekt. Das Video zu „At Dawn's First Light" (*Jomsviking*, 2016) drehten Amon Amarth im Freilichtmuseum Ukranenland in Torgelow in Vorpommern, das in der Bauweise einer frühmittelalterlichen slawischen Siedlung errichtet ist. Zudem tragen die Personen im Video Kleidung, die archäologischen Funden und mittelalterlichen Darstellungen nachempfunden und weit vom Chic aus *Conan der Barbar* entfernt ist. Dabei ist auch vielen Viking-Metal-Bands eine etwas legerere Verkleidung nicht fremd: Seit den 1990ern posieren in den Booklets

Bandmitglieder in nicht-mittelalterlichen Kleidungsstücken, zum Beispiel den szenetypischen Lederklamotten, oder zwar im Kettenhemd, aber mit nicht-wikingerzeitlichen Schwertern und Äxten. Das finden wir auch im Black Metal, wo sich zur „mittelalterlichen" Bewaffnung früher häufig, mittlerweile immer seltener Corpsepaint gesellte. Ob die schwarz-weiße Gesichtsbemalung wirklich an tote Pestopfer erinnern soll, wie mitunter vermutet wird, oder lediglich vom Schock Rock übernommen wurde, lässt sich nicht eindeutig feststellen.

Letztlich können Kostüme dazu beitragen, das Bandkonzept sichtbar zu machen. Sie helfen, das musikalische und bildliche zu einem Gesamtkonzept zu verschmelzen. Das spielt nicht zuletzt für das Marketing eine große Rolle, vermag es doch Fans an die Bands zu binden. Dementsprechend wird gleich bemerkt, wenn Bands in ihren Videos nicht im erwarteten historischen Setting zu sehen sind. In einem Bericht über den Videodreh zu „Get in the Ring" (*The Great Heathen Army*, 2022) merkt der Verfasser an, „dass wir Amon Amarth in dem Video nicht als befellte, waffenschwingende Wikinger sehen werden, sondern in einer ungewöhnlichen Alltagssituation".[38] Was für die Schweden eine Besonderheit ist, ist bei In Extremo Alltag. Das Mittelalter wird in den wenigsten ihrer Videos thematisiert. Im Video zu „Frei zu sein"' (*Sängerkrieg*, 2008) beispielsweise sieht man der Band beim Ausbruch aus der geschlossenen Abteilung einer psychiatrischen Klinik zu. Das Video war offiziell als „Hommage an den Filmklassiker *Einer flog übers Kuckucksnest*" (1975) gedacht,[39] dessen Plakat im Video kurz zu sehen ist. Hier tritt wieder einmal die Rolle von Popkultur und Filmen zutage. Und auch, wenn damit ein Eindruck von „Früher" vermittelt werden soll, müssen sie nicht einmal unbedingt das Mittelalter aufgreifen. So ist das Cover zu *Stand Up and Fight* (2011) von Turisas an das Plakat des Monumentalfilms *Kampf um Rom* (1968) angelehnt. Sólstafir wiederum performten auf dem Roadburn-Festival 2015 einen Soundtrack zum isländischen Wikingerfilm *Der Flug des Raben*.

Das klingt nun alles sehr beliebig: hier eine mittelalterliche Melodie, da ein neuzeitlicher Schriftzug, der aber mittelalterlich aussehen soll, ein Kleidungsstück hier, ein Filmplakat da – als ob die Bands nur ein paar Schnipsel sammeln und zu einem Gesamtbild zusammenfügen würden, in dem aber eigentlich nichts „echt mittelalterlich" ist. Das ist nicht ganz falsch, greift aber sicherlich zu kurz: Schließlich sind die Bands keine musizierenden Historiker und Historikerinnen, sondern Künstlerinnen und Künstler. Sie nutzen die ihnen zur Verfügung stehenden Mittel, um die erwünschten Effekte zu erreichen. Haben die Bands aber wirklich kein Interesse an einem authentischen Bild vom Mittelalter? Wollen sie lediglich Geschichten über das Mittelalter erzählen?

6
Was ist echt? Der schwierige Begriff der Authentizität

Unsere Gesellschaft ist geprägt von kulturellen Bräuchen, deren Wurzeln bis ins Mittelalter und noch weiter zurückreichen. Auch im Metal lassen sich erstaunliche Kontinuitäten ausmachen. Dass beispielsweise im Black Metal Kreuze umgedreht werden, ist ohne die Theologie des 13./14. Jahrhunderts undenkbar. Damals entwickelten die Theologen an den europäischen Universitäten eine Weltvorstellung, die die Kosmologie des antiken Philosophen Aristoteles mit christlichen Vorstellungen verband. Scheidepunkt war der Mond: die Sphären oberhalb halten Gott und Maria in bester Ordnung, während darunter der Satan mit seinen Dämonen versucht, die Menschen von Gott zu entfremden. Dieser Dualismus – das Böse als Umkehrung des Guten – prägte fortan die Vorstellungen des Bösen und seine Darstellung. Das gesamte Repertoire der Symbolik des Bösen, das in dieser Vorstellung liegt, stand also längst bereit und konnte vor allem von der Zweiten Welle des Black Metal zu Beginn der 1990er abgerufen werden. Die norwegischen Musiker wollten sich abgrenzen, ihre Zugehörigkeit zum Black Metal und vor allem Ablehnung des Christentums ausdrücken. Im weiteren Sinne richteten sie sich gegen die mit dem Christentum verbundene bürgerliche Kultur, den Staat und dessen evangelisch-lutherische Staatskirche, die in Norwegen bis 2012 existierte. In all ihrer Kritik und Abgrenzung blieben sie aber innerhalb der Vorstellungswelt und Bildsprache des Christentums (▶ Kap. 3). Daher lässt sich mit satanischen Programmen in nicht-christlichen Kulturen oft nicht dieselbe Wirkung erzielen. Trotzdem werden sie durchaus auch hier verwendet, zum Beispiel um die Ablehnung der Kultur alter Kolonialherren auszudrücken oder um Obrigkeiten zu provozieren.

Den Bands dürfte die historische Dimension der Symbolik meist wenig bewusst sein. Daher führt die Beobachtung von tatsächlichen Kontinuitäten zum Mittelalter, von gelebtem Mittelalter, nicht immer weiter, wenn wir verstehen wollen, wie der Metal das Mittelalter konstruiert. Relevanter ist, welche Aspekte des Mittelalters oder seiner medialen Repräsentation die Musikerinnen und Musiker bewusst aufgreifen und adaptieren, wie wir es in den vorangegangenen Kapiteln gesehen haben. Auch wenn im Metal oft ein Abgleiten Richtung Fantasy und Mythen stattfindet, geht der Reiz des Mittelalters hauptsächlich davon aus, dass es wirklich existiert hat: eine Epoche, die so anders als unsere Gegenwart erscheint, aber dennoch ein authentisches Setting für Gegenentwürfe zur Gegenwart bietet. Die Unterscheidung „authentisch – unauthentisch", oftmals gleichgesetzt mit „wahr – falsch", hat es allerdings in sich, weil der Begriff der Authentizität verschiedene Bedeutungsebenen hat.

Im Alltagsgebrauch und in verschiedenen Subkulturen bezeichnet „Authentizität" die Glaubwürdigkeit einer Person oder Gruppe in ihrem Tun; sie muss die Werte und Normen auch leben, die sie beispielsweise in ihrer Musik vor sich her trägt. Diese Sorge um Authentizität lässt sich in vielen Subkulturen und Musikrichtungen beobachten, etwa im Hip-Hop („Realness") oder auch im Metal. Der Begriff der „Trueness" ist ein zentrales Element in der Selbstdarstellung Manowars und anderer Bands, die ihre Musik entsprechend auch als True Metal charakterisieren. Der Black Metal verdankt seinen Ruf nicht zuletzt der Tatsache, dass manche Vertreter der Zweiten Welle ihr finsteres Image auch außerhalb der Musik lebten: mit Gewalttaten gegen Menschen und Kirchen sowie fragwürdigen bis rechtsextremistischen politischen Äußerungen. Auch wenn der Begriff des „True Norwegian Black Metal" keine sonderlich weite Verbreitung fand und „trve" meist abwertend für elitäre Denkweisen verwendet wird, liegen auch dem Black Metal und den anderen Metalgenres ähnliche Konzepte wie das der Trueness zugrunde. Sie werden nur nicht so offensichtlich benannt.

Aus der Perspektive der Geschichtswissenschaften bezeichnet „Authentizität" unter anderem eine Form der historischen „Echtheit". Eine authentische Quelle, zum Beispiel eine Kaiserurkunde, wurde im Nachhinein nicht mehr verändert. Sie kann daher für die wissenschaftliche Arbeit herangezogen werden, um Aufschluss über die historische Wirklichkeit zu erhalten. Aber auch die Erfahrbarkeit von Geschichte kann im Mittelpunkt stehen, beispielsweise im Museum oder in einer Dokumentation. Dann ist besonders wichtig, dass das Dargestellte emotional glaubwürdig und geschichtlich plausibel erscheint. Immer überzeugend wirken Originalgegenstände, die vor allem wegen der ihnen zugeschriebenen Bedeutung einen großen Reiz auf das Publikum ausüben. Es ist faszinierend sich vorzustellen, wie zum Beispiel ein Schwert vor 700 Jahren geschmiedet und dann im Kampf oder zur Inszenierung des Schwertträgers benutzt wurde. Durch die Präsenz des Gegenstands und die Erläuterung seines Hintergrundes fühlen sich viele mit der Vergangenheit verbunden.

Doch was meint der Begriff des Originalgegenstands? Kann ein Objekt nach seiner Herstellung unverändert bleiben? Die meisten Originalgegenstände können die Zeit nicht unverändert überdauern. Um nicht zu vergehen, damit ein historisches Haus beispielsweise nicht einstürzt, müssen historische Objekte restauriert oder renoviert werden. Ist aber ein Haus, das zwar seit dem 15. Jahrhundert kontinuierlich an derselben Stelle steht und in seinem Aussehen nicht wesentlich verändert wurde, jedoch nach und nach neue Balken, Lehmbewurf und Putz erhalten hat, sodass fast jedes einzelne Teil ausgetauscht wurde, noch ein Originalgegenstand oder schon ein rundum erneuertes Haus?

Diese Problematik lässt sich auch auf historische Ereignisse übertragen. Die Kenntnis mittelalterlicher Ereignisse erlangen wir nur mittelbar, indem wir Quellen zurate ziehen. Dabei handelt es sich oft um mittelalterliche Schriftstücke, zum Beispiel Chroniken, die von diesen Ereignissen erzählen. Doch auch authentische Quellen geben die historische Wirklichkeit nicht einfach wieder (das ist unmöglich). Ihre Verfasser wählten Bestandteile der Wirklichkeit aus, die ihnen berichtenswert erschienen, füllten Kenntnislücken mit verbreiteten Geschichten, veränderten Abläufe, um sie in ihr Weltbild einzupassen, oder reicherten ihre Erzählung mit Anlehnungen an klassische Literatur an, um ihre Bildung zu betonen. So bleibt am Ende von der historischen Wirklichkeit oft nicht mehr sonderlich viel übrig. Die Geschichtsschreiber können wir mit den Handwerkern vergleichen, die die Balken des Hauses austauschen. Ohne ihre Erzählungen wüssten wir viel weniger über die Vergangenheit. Ohne sie wäre das Haus der Geschichte eingestürzt. Aber ihre Erzählungen sind mit Vorsicht zu genießen, nicht jeder Balken ist noch „echt". Man kann daher sagen: Das Original muss bis zu einem gewissen Grad verändert werden, um überhaupt zu überdauern.

Neben dem Original können auch Kulissen, Replikate und Kostüme ein Gefühl der Authentizität hervorrufen. Das funktioniert aber nur, wenn das Dargestellte wenigstens teilweise den Erwartungen und Vorkenntnissen des Publikums entspricht. Sicherlich würden die meisten eine Burg mit Türmen, Mauern, Torhaus und Bergfried als authentisch einschätzen, weil sie mit dem klassischen und omnipräsenten Bild von der mittelalterlichen Burg aufgewachsen sind. Kritischer dürfte das Publikum bei der Rekonstruktion einer Motte sein, ein mittelalterlicher Burgtyp, der in der Regel nicht aus viel mehr als einem Holzturm auf einem Erdhügel bestand. Motten haben sich meist nicht erhalten und konnten unser Bild vom Mittelalter daher nicht so nachdrücklich prägen wie die imposanten Steinburgen.

Auf den Metal übertragen bedeutet das, dass Bands leichter ein Hör- und Seherlebnis erreichen können, das als authentisch empfunden wird, wenn sie an verbreitetes Wissen oder populäre Mittelalterbilder anknüpfen. Und das besteht meist aus Gewalt, Fanatismus, Schmutz und Sexismus – egal ob historisch korrekt oder nicht. Gleichzeitig können sie nicht frei herumfantasieren, wenn sie ein historisches Szenario wählen. Wir werden sehen, dass sowohl die Musikerinnen und Musiker als auch ihr Publikum durchaus Wert auf die Erzählung einer vermeintlich unverfälschten Vergangenheit legen.

Im Metal überlagern sich also verschiedene Authentizitätsbegriffe und es ist oft schwer auszumachen, welche Vorstellung, welcher Anspruch einer Darstellung zugrunde liegt. Das liegt natürlich auch daran, dass es im Metal primär um Unterhaltung geht, nicht um eine individuelle oder gesellschaftliche Reflexion und Debatte. Vor allem aber setzen die Bands ganz unterschiedliche Mittel ein, um ihre Fans in ein sich authentisch anfühlendes Mittelalter zu entführen oder ein mittelalterliches Gefühl in ihnen zu wecken – Mittel, die ganz unterschiedliche Facetten von Authentizität „ansprechen". Eine Möglichkeit ist die Platzierung der Band und ihres Werks in einem nicht näher bestimmten Mittelalter, das durch bestimmte allgemeine Attribute erkennbar ist, zum Beispiel Dudelsäcke, Burgen, Kleidung. Eine andere Möglichkeit ist, explizit an das beim Publikum vorhandene historische Wissen anzuknüpfen, indem Liedtitel, Texte, Videos oder Cover an konkrete historische Personen und Szenarien anknüpfen. Damit geht nicht zwingend eine größere wissenschaftliche Authentizität einher, wie das Video Kataklysms zum Lied „Bringer of Vengeance" (*Goliath*, 2023) zeigt. Wir sehen eine fiktive Rachegeschichte, die am Ende durch die Einblendung eines gerenderten Grabsteins, auf dem der Name des englischen Königs Richard Löwenherz steht, historisch verortet wird. Ebenso frei gehen Enslaved im Lied „793 (Slaget om Lindisfarne)" (*Eld*; übersetzt: „793, die Schlacht um Lindisfarne") mit dem historischen Wikingerüberfall auf das nordenglische Kloster Lindisfarne um (näher dazu ▶ Kap. 8).

Einige orientieren sich aber durchaus an wissenschaftlichen Mittelalterbildern. Musikinstrumente aus dem Mittelalter beispielsweise können die Bands natürlich nicht verwenden. Zu groß wäre das Risiko der Beschädigung – Bierspritzer wären vermutlich die harmloseste. Dafür nutzen sie neben kreativen Neuschöpfungen, die an die modernen Aufführungsbedingungen angepasst sind, auch möglichst getreue Nachbauten alter Instrumente. An den Reiz des Originalen wird im Mittelalterrock appelliert, wenn Texte aus mittelalterlichen Liederhandschriften in der jeweiligen Sprache, vielleicht sogar mit einer der selten überlieferten Melodien übernommen werden. Wie es um die Authentizität historischer Ereignisse und Prozesse bestellt ist, werden wir noch ausführlich sehen.

Die Bands haben individuelle Zugänge zum Mittelalter, woraus eine große Bandbreite des Umgangs mit der Frage der Authentizität resultiert. Den Mitbegründern des Viking Metal, Enslaved, dient die nordische Mythologie oft als Vehikel für eigene Gedanken. Authentizität spielt eine tendenziell untergeordnete Rolle, auch wenn sie ein bedeutender Faktor in der Erkundung historischer Bezugspunkte für die eigene Identität ist. Dem Sänger von Schandmaul, Thomas Lindner, geht es eher um die Atmosphäre, weniger um eine Form der wissenschaftlichen Authentizität, er fühle sich vom „Flair, den das Mittelalter ausströmt", mehr angezogen als vom „knallharten, auf Tatsachen basierenden Dokumentationsbericht".[40] Amon Amarth wiederum präsentieren in ihren Texten einerseits eine romantisierte Wikingerzeit, andererseits arbeiten sie für Videodrehs und ihre Bühnenshows mit Reenactment-Gruppen zusammen, die sich darum bemühen, Wikinger verhältnismäßig nahe an wissenschaftlichen Erkenntnissen darzustellen. Die Maßstäbe und Ansprüche sind also sehr verschieden. Und natürlich können Anspruch und Wirklichkeit auseinanderklaffen: Auch wenn eine Band für sich in Anspruch nehmen mag, ein authentisches Bild vom Mittelalter zu zeigen, kann ihre Darstellung weniger authentisch sein als die einer Band, für die Authentizität zweitrangig ist.

Manchmal treten Musikerinnen und Musiker sogar als Fachleute auf oder werden als solche inszeniert. Johan Hegg, der Sänger von Amon Amarth, „enthüllt" beispielsweise in einem Video für einen

Metal-Kanal auf YouTube „Die Wahrheit über zehn Wikingermythen" oder steht Rede und Antwort zur Geschichte der Wikinger im Interview mit dem *Vice*-Magazin.[41] Über Fehlannahmen zur Historizität vieler „mittelalterlicher" Lieder, die nur selten mit einer nachspielbaren Melodie überliefert seien, klärt der Schlagzeuger von Saltatio Mortis, Timo Gleichmann (Künstlername: Lasterbalk der Lästerliche), in einem Interview auf.[42] Auch der Sänger In Extremos erläutert in einem Interview mittelalterliche Liederhandschriften. In einem anderen verlautbart er sogar, sie „gehen aber auch in Bibliotheken, forschen nach alten Liedersammlungen und beschäftigen uns intensiv damit."[43] Klingt das nicht nach wissenschaftlicher Arbeit? Sehen wir hier nicht vor dem inneren Auge die Band mit der Brille über Handschriften und alte Bücher gebeugt so wie Indiana Jones auf seiner Jagd nach mythischen Artefakten? Und der ist immerhin Professor!

Es ist nicht zu erwarten, dass sich die Musikerinnen und Musiker auf freiwerdende Geschichtslehrstühle bewerben wollen. Sie sind sich im Klaren darüber, dass ihre Lieder moderne Interpretationen sind und nicht die größtmögliche Annäherung an mittelalterliche Klänge im Sinne der historischen Aufführungspraxis. Subway to Sally unterscheiden so zwischen Gruppen, die „‚echte' mittelalterliche Musik" machen bzw. „Instrumente [erforschen], die bei Ausgrabungen gefunden werden", und Rockbands wie sie selbst.[44] Das Expertentum der Bands hat eine andere Funktion: In ihm verbinden sich die Authentizität im wissenschaftlichen und im Sinne der Trueness. Wenn man die Musik Amon Amarths hört, sieht man auch deswegen vor seinem inneren Auge segelnde Drachenschiffe und kämpfende Wikinger, weil man weiß, dass die Band seit ihrer Gründung an der Thematik in Verbindung mit Melodic Death Metal festhält und nicht zu radiotauglicher Musik gewechselt ist – „true" ist. Zum anderen hat sie sich für ihr Konzept mit den historischen Wikingern und ihrer Mythologie intensiv beschäftigt. Darüber sind sie zu szeneinternen

„Experten“ geworden, denen man ihre Darstellungen leichter abzunehmen geneigt ist.

Aber auch völlig anachronistische Themen und Darstellungen haben ihren festen Platz im Metal mit Mittelalterbezug. Ganz und gar moderne Verhältnisse werden zum Beispiel zur Äußerung von Gesellschaftskritik in mittelalterliche Verkleidung gepackt (▶ Kap. 12). Bands des Mittelalterrocks halten an den Merkmalen ihrer Musik fest, auch wenn sie das Mittelalter in ihren Texten nicht thematisieren. So steht ein mittelalterlicher Klang zeitlich ungebundenen Texten über Zusammenhalt, das Führen eines unverstellten Lebens oder die eigene Ausstrahlung auf Frauen gegenüber.

Einerseits setzen sich die Bands also mit dem historischen Mittelalter auseinander und suggerieren eine Authentizität. Andererseits spielt diese eine vollkommen untergeordnete Rolle, wenn das Mittelalter als Platzhalter für moderne Sehnsüchte oder als loses Konstrukt mit mittelalterlich angehauchten Inhalten angefüllt wird. Wir werden also mit „authentischen“ und „anachronistischen“ Annäherungen an das Mittelalter im Metal konfrontiert, die sich eigentlich widersprechen oder zumindest in einem Spannungsverhältnis stehen. Doch jede Geschichtsdarstellung vermischt Anteile von beidem. Der Anachronismus-Anteil ist in den Geschichtswissenschaften im Idealfall sehr gering, im Metal hingegen ist er deutlich erkennbar, wenn auch manchmal erst auf den zweiten oder dritten Blick. Historikerinnen und Historiker mögen über diese offensichtliche Vermischung von Fakt und Fiktion den Kopf schütteln, als künstlerisches Werkzeug kann sie aber sehr reizvoll sein.

7
Finstere Zeiten: Die Themenschwerpunkte im Metal

Nachdem wir die Werkzeuge der Bands zur Erzeugung „mittelalterlicher" Eindrücke kennengelernt und auch geklärt haben, wie wir das mit dem „echten" Mittelalter in Verbindung bringen, wollen wir uns in den folgenden Kapiteln anhand von Beispielthemen damit beschäftigen, wie Metalbands das Mittelalter darstellen. Allgemein großer Beliebtheit erfreuen sich Themen um Krieg, Heldentum, Religion und Mythologie. Der Mittelalterrock neigt außerdem zu gesellschaftlichen Themen und solchen über das Menschsein überhaupt, wie Zusammenhalt, Außenseitertum usw. Gemeinsam haben alle, dass sie sich mit dem Außergewöhnlichen oder dem Bizarren auseinandersetzen. Das hat mehrere Gründe, die teilweise bis ins Mittelalter zurückreichen.

Außergewöhnliches fasziniert: Artus-Romane, Alexander-Epen, Nibelungenlied – Heldenerzählungen sind ein häufiger Erzählgegenstand der Literatur des Mittelalters. Diese Literatur verkörpert die Ideale der zeitgenössischen Kriegergesellschaft. Die mittelalterlichen Geschichtsschreiber interessierten sich besonders für das Handeln der gesellschaftlich einflussreichsten Personen – Könige, Adelige, Päpste, Bischöfe, Stadträte – und für einschneidende Ereignisse wie Kriege, unnatürliche Herrschertode oder Seuchen. Ihre Darstellungen waren die Quellengrundlage, als das Mittelalter im 19. Jahrhundert erstmals geschichtswissenschaftlich untersucht wurde.

„Große Männer" schreiben Geschichte: Die meisten Historikerinnen und Historiker des 19. und frühen 20. Jahrhunderts behandelten das Mittelalter in der Absicht, die Größe der eigenen Nation aufzuzeigen oder ihr eine historische Tiefendimension zu verschaffen

(▶ Kap. 2). Als Maßstab diente ihnen das Handeln solcher Herrscher, denen man militärische Stärke und Großmachtpolitik zuschreiben konnte. Und die Quellen, die von den „großen" Taten der mittelalterlichen Herrscher erzählen, schienen diese Perspektive zu bestätigen.

Spätestens seit dem Zweiten Weltkrieg geriet diese Form der Geschichtsschreibung zunehmend außer Mode. Die Geschichtswissenschaften fragten nun stärker danach, wie die Menschen lebten und was sie dachten. Der Alltag mittelalterlicher Menschen in den verschiedenen gesellschaftlichen Sphären – Adel, Bürgertum, „Randgruppen" – rückte verstärkt in den Fokus. Bereits vorher war man zu der Einsicht gelangt, dass die „großen Männer" nicht aus purer Genialität, aus eigener Kraft oder aufgrund ihres Geschicks allein agierten. Sie waren in längerfristige Strukturen eingebunden waren, die es ebenfalls zu erforschen galt. Und überhaupt: nicht nur Männer, sondern auch das Handeln von Frauen und anderer Geschlechter sieht man mittlerweile als wichtigen Untersuchungsgegenstand.

Eine ähnliche Entwicklung hat der Metal nicht durchlaufen. Das dürfte zum einen daran liegen, dass es der Forschung zu selten gelingt, ihre aktuellen Mittelalterbilder auf allgemeinverständliche Art zu kommunizieren. Auch die Lehrpläne für die Schulen sind oftmals nicht gerade am Puls der Forschung. Wo sollten die Musikerinnen und Musiker also mit den neuen Stoffen in Kontakt kommen, wenn sie nicht gerade ein Fable für wissenschaftliche Literatur haben? Eher greifen sie daher das Mittelalter auf, das sie in Filmen, Computerspielen und Romanen umgibt: das Mittelalter des Abenteuers, des Krieges, der (Anti-)Helden, der religiösen Verblendung und der Gewalt.

Dieses Mittelalter passt zum Bombast und zur Härte des Metals, seiner auf das Große und Überwältigende abzielenden Wirkung.

Grundfragen des menschlichen Daseins kann man wunderbar in Helden- und Abenteuergeschichten und die kritische Auseinandersetzung mit Religion anhand epischer Szenarien behandeln und mit Musik vereinen. Texte über den Alltag eines frühmittelalterlichen Landarbeiters eignen sich da wenig. Metal und Mittelalterrock erfüllen auch eine eskapistische Funktion. Darin sind sie Mittelaltermärkten nicht unähnlich: nur die wenigsten wollen die einfache Bevölkerung darstellen. Seiner normalen Arbeit nachgehen muss man schon in der eigenen Gegenwart. Während vielgereiste Handeltreibende noch ein unverzichtbarer Bestandteil von Mittelaltermärkten sind, spielt das städtische Mittelalter im Metal kaum eine Rolle: Handel, Steuern, die Regeln des Zusammenlebens innerhalb der Stadtgrenzen, rechtliche Vorgaben oder gar Nachbarschaftsstreitigkeiten erinnern zu sehr an die eigene Gegenwart. Wenigstens im Mittelalter will man etwas Besonderes sein oder von den besonderen Menschen hören. So wimmelt es auf Mittelaltermärkten und im Metal vor Adligen, Kriegern, Tempelrittern, Wikingern, Ausgestoßenen und Spielleuten.

Und der Metal muss sich auch nicht für die Forschungsfragen der Geschichtswissenschaften interessieren – auch wenn mir als Historiker das vielleicht gefallen würde. Die Bands setzen sich aus ihrer eigenen Perspektive und anhand ihrer individuellen Interessen mit der Vergangenheit auseinander. Während die Wissenschaften Erkenntnisse über das Mittelalter gewinnen wollen, dient das Mittelalter im Metal als Kontrastfolie zur Gegenwart, der man entfliehen will, an der Kritik geübt oder über die diskutiert wird. Und so werden wir uns auf den nächsten Seiten mal abstrakt, häufiger konkret mit den thematischen Schwerpunkten des Metals auseinandersetzen: mit Heldentum, Gewalt und Krieg (▶ Kap. 8 und 9), Religion (▶ Kap. 10 und 11), Gesellschaftskritik, Spielmannsimage und Geschlecht (▶ Kap. 12) sowie dem Trinken (▶ Kap. 13).

8
Heldentum, Kampf und Krieg

Hand aufs Herz! Wer von uns hat nicht als Kind mit einem Holzschwert Kämpfe ausgefochten und ist mit Pfeil und Bogen durch den Wald gezogen? Wer hat nicht in Filmen und Serien mit William Wallace, Johanna von Orléans und Ragnar Lodbrok mitgefiebert und mitgelitten, wenn ihnen am Ende der Kopf abgehackt wurde, sie verbrannt oder in die Schlangengrube geworfen wurden? Bei solch himmelschreiender Ungerechtigkeit hat man auch schnell einmal ihren Feinden den Tod gewünscht. Ideell ist den meisten Menschen Gewaltanwendung heute fremd geworden. Eine umso größere Faszination scheint von ihrer Darstellung auszugehen. Egal ob kriegerisch, als Verbrechen oder Selbstverletzung, Gewalt spielt eine integrale Rolle in den populären Mittelalterdarstellungen. Das kommt nicht von ungefähr, denn voller Gewalt ist auch die Literatur des Mittelalters, zum Beispiel das Heldengedicht *Beowulf*, das Grand Magus als Vorlage für ihr Album *Sunraven* (2024) dient. Einen Anspruch auf ein Gewaltmonopol erhebt das populäre Mittelalter nicht, denn Gewalt ist zeitübergreifend ein zentraler Bestandteil jeglicher Unterhaltungskultur. Ohne Vergiftung, Schießereien und Explosionen wären Kriminalgeschichten, Action- und Kriegsfilme und so mancher Liebesfilm nicht das Gleiche. Warum sollte ausgerechnet der Metal eine pazifistische Oase sein?

Gewaltdarstellungen: Warum und wofür?

Meist ist die Darstellung „mittelalterlicher Gewalt" im Metal mehr als bloßer Effekt. Als Pendant zur Musik übersetzt sie deren Härte in Sprache, Bild und Klang. Sie treibt Helden-, Rache- und Abenteuergeschichten voran, indem sie die Spannung und die Fallhöhe der

Charaktere erhöht. Da Gewalt meist mit Grenzsituationen einhergeht, dient ihre Schilderung und die des Umgangs mit ihr der künstlerischen Verarbeitung des Lebens schlechthin. Es lohnt sich also, Gewaltdarstellungen im Metal nicht von vornherein zu verdammen, sondern zu fragen, was sie erreichen sollen.

Viele Bands verwenden Kriegsthemen gelegentlich und so manche hat sich ihnen vollständig verschrieben wie der englische Death-Metal-Klassiker Bolt Thrower. Aktuell dürfte keine Band die Kriegsthematik mehr verkörpern als die schwedische Power-Metal-Fraktion von Sabaton. Zwar handeln ihre Texte meist von modernen Kriegen, benannt haben sie sich dennoch nach einem mittelalterlichen Rüstungsteil, einem Fußpanzer. Wo Krieg besungen wird, ist der Vorwurf der Kriegs- oder Gewaltverherrlichung nicht weit. In einzelnen Fällen mag er berechtigt sein, doch an den Metal insgesamt gerichtet ist er verkürzt. Zu unterschiedlich werden Krieg und Gewalt behandelt, als dass man ein grundsätzliches Urteil fällen könnte. Für Johan Hegg von Amon Amarth ergibt sich die Faszination des Krieges erst im Nachhinein, wenn der Schrecken des Krieges nicht mehr akut im Raum steht. Nur vordergründig ist es also ein Widerspruch, sich an Spendensammlungen für die Opfer des Krieges zwischen Russland und der Ukraine zu beteiligen, andererseits Texte über (mittelalterliche) Kriege zu schreiben.[45] Ohnehin sind Gewaltdarstellungen oft metaphorisch gemeint. Sie können für Hegg beispielsweise transportieren, dass sich Menschen trotz aller Widerstände behaupten könnten.[46] Im übertragenen Sinne dürfte auch der Subway-to-Sally-Song „Die Schlacht" (*Herzblut*, 2001) gemeint sein. Oberflächlich beschreibt das Lied Kriegshandlungen, die letzte Strophe aber rückt den Kampf gegen sich selbst in den Mittelpunkt, der die Voraussetzung für jegliche Auseinandersetzung sei. Andere Lieder wiederum sind explizite Antikriegslieder, dann aber oft mit Bezug auf kriegerische Ereignisse des 20. Jahrhunderts – Saltatio Mortis' „Nachts weinen die Soldaten" (*Zirkus Zeitgeist*, 2015) und In Extremos „Saigon & Bagdad" (*Kompass zur Sonne*, 2020) sind Beispiele dafür. Sie können das verheerende Bild eines mittelalterlichen Schlachtfelds beschreiben – Blind Guardian, „Battlefield" (*A Night at the Opera*, 2002). Und selbst in einer klassisch-heroischen Schlachtdarstellung wie „Oden Owns You All" (*The Great Heathen Army*, 2022) von Amon Amarth stellt sich am Ende die Frage: „But after eons of warfare, who can tell who has won?" Durchaus wörtlich zu nehmen ist andererseits die Aufforderung zum Kampf in „Get in the Ring" vom selben Album. Zwar bezieht sich der Song auf das mehr oder weniger historische Phänomen des Holmgangs, den Zweikampf zur Beilegung eines Konflikts. Geschrieben wurde er jedoch als Lied für den Einlauf des Wrestlers Erick Redbeard vor seinen Kämpfen, also als Vorspiel zu einem realen Kampf.[47] Für diejenigen, die ebenso zur Tat schreiten wollen, hält der Onlineshop der Band unter dem Reiter *war materials* Ausrüstung zum Boxen und für Mixed Martial Arts bereit. Gewaltdarstellungen sind auch Marketing.

Gewalt wird im Metal also auf verschiedenen Ebenen angesiedelt, wobei einzelne Bands durchaus Schlachthymnen und kritische Songs und Statements nebeneinander platzieren. Hinter den Songs verbirgt sich in der Regel kein stringentes weltanschauliches Konzept. Eher ist die Gewaltdarstellung ein Baustein im künstlerischen Werk neben anderen, aber ein zentraler Baustein, der viele Textformen überhaupt erst möglich macht: Schlachthymnen, epische oder tragische Erzählungen, Klage- oder Heldenlieder. Daher dürfte es den Bands in vielen Fällen nicht um die Gewalt an sich gehen, sondern um ihre ästhetische und emotionale Wirkung. Soll sie das Handeln der Helden positiv darstellen oder ihren Gegner in ein schlechtes Licht rücken? Soll sie Mitgefühl erzeugen, ein Gerechtigkeitsgefühl wecken oder an Rachelust appellieren? Soll sie das Gruppengefühl stärken?

Letzteres ist das Ziel eines der wahrscheinlich bekanntesten Lieder über Krieg, Schlachten und Heldentum im Metal, „Warriors of the World United" (*Warriors of the World*, 2002) von Manowar. Der

Song weist viele typische Merkmale der Schlachtendarstellung im Metal auf, auch wenn er nicht gerade als Beispiel für eine kritische Auseinandersetzung mit der Kriegsthematik herhalten kann. Geschildert wird eine Szene vor Beginn der Schlacht. Die Truppen sind aufgestellt und warten nur auf das Signal. Die Krieger der eigenen Seite geben sich siegessicher, obwohl sie gegen eine Übermacht stehen. Sie, füreinander Brüder („brothers"), brächten Zerstörung, Leid und Schmerz und hätten obendrein als Hämmer der Götter („hammer of the gods") übermenschliche Unterstützung. Den ängstlichen Gegnern spricht das Lied die Männlichkeit ab. Dann folgt das Vermächtnis eines lyrischen Ichs für den Todesfall; die Brüder sollten Pferd und Waffen sammeln und der Familie vom Tod berichten. Davor aber wolle man stark sein, für das Wahre („all that is real") kämpfen und all denen den Tod bringen, die sich dem entgegenstellen. Schließlich werden im Refrain die versammelten Brüder angerufen, die geschworen hätten zu kämpfen und zu sterben („sworn to fight and die"). Hier machen Manowar etwas, das im Metal ganz allgemein verbreitet ist. Sie besingen die Gemeinschaft von Band und Fans, die schon durch die Anrufung der „brothers" ausgesprochen und im Refrain als gemeinsames Wir gefeiert wird: „We are warriors, warriors of the world".

Zum Vorwurf der Kriegsverherrlichung trägt wohl das in den allermeisten solchen Liedern vorhandene Pathos bei, das sich der Metal mit anderen populären Darstellungen mittelalterlicher Kriege teilt. Mit emotionalen Darstellungen ergreifen die Lieder und erleichtern dem Publikum den Zugang zu den Welten der Liedtexte. Pathos hilft außerdem bei der Alltagsflucht, ein erklärtes Ziel Manowars, zu dem auch der niedrige Detailgrad der Texte beiträgt. Die Kriegsszenarien werden stark vereinfacht, was die Welt etwas übersichtlicher erscheinen lässt. Der Grund des Kampfes in „Warriors of the World United" bleibt im Dunklen – auch das ist typisch für diese Form der Schlachtendarstellung, in der der bewaffnete Konflikt zum Selbstzweck oder zumindest aus seinem politischen Kontext gelöst wird. Infolgedessen werden andere Strategien zur Konfliktlösung – ganz im Sinne von Amon Amarths Zeilen „No words spoken between enemies / Just thunder of sword and shield" („An Ancient Sign of Coming Storm", *Fate of Norns*, 2004) – nicht in Erwägung gezogen. Das Schlachtfeld wird zum Schauplatz des alternativlosen und ultimativen Showdowns. Eine Fixierung auf Schlachten ist auch wissenschaftlichen Darstellungen nicht fremd. Die sehr viel komplexere Eroberung Englands 1066 durch die Normannen unter der Führung Wilhelms des Eroberers wird beispielsweise schnell auf das Schlagwort „Hastings" reduziert. Der Unterschied ist, dass die Geschichtswissenschaften komplizierte Entwicklungen nur begrifflich zusammenfassen, um sie beispielsweise mit anderen vergleichen zu können. Der Metal fasst nicht zusammen, sondern blendet den Kontext aus, um den Weg freizumachen für Atmosphäre und Stimmung. Beides ist legitim, sagt der Metaler in mir, auch wenn meine Historikerseite bei vielen Liedtexten nervös zu zucken beginnt.

Die Darstellung von Schlachten scheint sich im Metal gerne an denen aus Filmen oder Gemälden zu orientieren. Klassischerweise stehen zwei riesige Heere einander gegenüber, der Held (in den seltensten Fällen eine Heldin) hält eine Rede, die Schlacht beginnt mit einem Pfeilhagel, dann stürmen die Armeen aufeinander zu, das große Gemetzel beginnt. Der Metal reiht sich damit in eine lange Tradition ein. Auf ähnliche Weise wurden Schlachten bereits in der Musik des 16. Jahrhunderts dargestellt, inklusive Nachahmung von Schlachtenlärm und Verwendung von Musikinstrumenten, die beim Militär eingesetzt wurden. So epischen Ausmaßes, wie die meisten Lieder suggerieren, dürfte es aber oft nicht gewesen sein. Frühmittelalterliche Armeen waren im Vergleich zur denen der Antike überschaubar. Während auf römischen Feldzügen der Spätantike noch ca. 10.000–30.000 Männer aktiv waren, sank im Frühmittelalter das Mobilisierungspotenzial. Im Europa dieser Zeit gab es keine Berufsarmee mehr. Wenn der König ein Heer brauchte, wurde es von den gesellschaftlichen Führungsschichten eigens für den anlassgebenden Heereszug aufgestellt und war selten größer als 5.000–10.000 Mann. Oft aber waren es gar nicht Könige, sondern lokale Häuptlinge oder Adlige, die bewaffnete Konflikte sehr überschaubaren Ausmaßes miteinander austrugen. Insofern liegen Bathory mit ihrer Größenangabe „two times a hundred men in battles" („A Fine Day to Die", *Blood Fire Death*, 1988) gar nicht so daneben.

Zudem machten Schlachten im Mittelalter nur einen relativ geringen Anteil der Kriegführung aus. Plündern, Höfe und Häuser niederbrennen, Vorräte vernichten, Vieh töten oder klauen und schnell fliehen – das machte dem Gegner das Leben schwer und schonte das eigene Leben und die eigenen Ressourcen bzw. füllte sie wieder auf. Die Wahrscheinlichkeit, an Hunger oder einer Seuche zu sterben, dürfte auf so manchem Kriegszug höher gewesen sein als die Wahrscheinlichkeit, durch die Waffe eines Gegners ins Jenseits befördert zu werden. Das realistische Szenario eines an der Ruhr erkrankten Helden oder gleich einer ganzen Armee, die wegen Durchfalls kampfunfähig ist, klingt wenig heldenhaft und entspricht weder dem Ziel der Bands, eine epische Geschichte zu erzählen, noch der Erwartungshaltung der Fans. Seuchen selbst, allen voran die Pest, spielen jedoch im Black Metal durchaus eine eigene Rolle zur Illustration eines finsteren, menschenfeindlichen Szenarios (z. B. bei der Band 1349, die nach dem Jahr benannt ist, in dem die Pest nach Europa kam). Entsprechend den genretypischen misanthropischen Erzählungen ist in diesem Fall die Seuche die eigentliche Protagonistin, nicht eine hervorgehobene Persönlichkeit wie in anderen Genres üblich.

I can be your hero, baby

Der Inhalt der meisten Kriegsgeschichten ist es, mit einem lyrischen Ich oder als Teil einer mit „wir" betitelten Gruppe an der Seite einer fiktiven oder historischen Person in die Schlacht zu ziehen und Teil eines Abenteuers zu werden. Zentrale Figur der kriegerischen Abenteuer im Metal ist der Held. Was einen Helden ausmacht, können wir anhand von Liedern sehen, die die Wörter „Hero" oder „Held" im Titel tragen. In erster Linie zeichnet er sich durch ein besonderes Verhältnis zur physischen Gewalt aus, „Heldenerzählungen sind per se auch Gewaltberichte".[48] Da die Ausübung von Gewalt landläufig männlich konnotiert ist, bedeutet das, dass diese Form des Heldentums Frauen und anderen Geschlechtern in der Regel verstellt ist. In diesem Sinne ist der Held ein Kämpfer, der andere verletzt und tötet, um ein höheres Ziel zu erreichen. Im Mittelalter war das nur einer von mehreren Heldentypen, im Metal-Mittelalter ist er fast der einzige. Den in der historischen Realität besonders populären Märtyrer greift kaum eine Metalband auf. Eine Person, die Gewalt bis zum Tod ausschließlich erduldet, aber nicht ausübt, und durch und durch religiös geprägt ist, bietet in den meisten Subgenres keinen Anknüpfungspunkt für eine gute Story. Und so führt in Hammerfalls „Hero's Return" (*Crimson Thunder*, 2002) der Held eine Armee in eine blutigen Schlacht gegen die „infidels", die Ungläubigen. Bei Grave Digger ist der furchtlose Siegfried „The Hero" (*Rheingold*, 2003), weil er einen Drachen besiegt, und für Unleashed ist der „Hero of the Land" (*Warrior*, 1997) derjenige, der arbeitet, um seine Familie zu ernähren, und für sein Land kämpft. Ein Held kann aber nicht nur austeilen, er muss auch ordentlich einstecken können. Das „Heart of the Hero" (*Vengeance in Black*, 2005) hat für Dragonforce jemand, der bereit ist, für andere zu sterben. Und für Kamelot („Birth of a Hero", *Dominion*, 1996) ist der Tod überhaupt erst die eigentliche Geburt des Helden: „birth of a hero / death of a man".

Heldentum mag auf Taten beruhen, letztendlich muss man zum Helden aber erklärt werden. Es sind Dritte, die dem Handeln oder den Eigenschaften einer Person eine Vorbildhaftigkeit, das Einstehen für ihr wichtige Werte und Ideale oder eine besonders große Opferbereitschaft zuschreiben. In der Forschung spricht man von „Verehrergemeinschaften". Sie erzeugen in Form von Gedenken, rituellen Handlungen und Erzählungen eine Erinnerungskultur um den Helden und machen ihn dadurch erst zu einem. Nur in sehr speziellen Szenarien ist es denkbar, sich selbst zum Helden zu erklären – ganz im Einklang mit der modernen Wertschätzung der Bescheidenheit. Insofern ist es paradox, wenn Vogelfrey in „Heldentod" (*Wiegenfest*, 2010) im Refrain mehrmals den Satz „Wir sind Helden" singen.

Spricht in den Texten ein lyrisches Ich, wird es in der Regel eher durch seine Charaktereigenschaften, Handlungen oder andere Zuschreibungen als heldenhaft charakterisiert, beispielsweise indem es nach brachialem und rücksichtslosem Kampf wie ein König stirbt (Kataklysm, „Die as a King", *Goliath*, 2023). Dabei können potenzielle Helden noch zu Lebzeiten um ihren Ruf bei den Hinterbliebenen bemüht sein, indem sie wie im Lied von Vogelfrey einen zukünftigen Status als „Legenden" (*Titanium*, 2022) anvisieren. Teilweise fordern sie für den Fall ihres Todes zum Gedenken an sie auf wie in „Warriors of the World United" von Manowar. In „Runes to My Memory" von Amon Amarth (*With Oden on Our Side*, 2006) beschreibt der Todgeweihte in einer epischen Sterbeszene selbst, wie er trotz tödlicher Wunde – natürlich wurde ihm ein Speer feige in den Rücken gerammt und nicht im „ehrlichen" Zweikampf – tapfer weiterkämpft und schließlich mit dem Schwert in der Hand am Boden liegend auf den Tod wartet. Er verabschiedet sich von den Liebsten („those I love") und gibt die Anweisung, ihn in einem Grabhügel zu bestatten, auf dem ein Runenstein zu seinem Andenken errichtet werden solle. So wirkt der Metalheld an seiner Heroisierung persönlich mit. Die Kombination der Bausteine dieser Todesdarstellung – Bewusstsein für den bevorstehenden Tod, Anwesenheit von Gefährten, das Treffen von Verfügungen – ist klassisch. Sie haben sich durch die Übernahme biblischer Erzählschemata in unsere Gegenwart gerettet. Schon in der Bibel bemerkt Jakob im Buch Genesis (47, 29–31), dass er sterben muss, ruft seinen Sohn Josef zu sich und trifft Verfügungen über seine Bestattung.

Freiheit! Wann Krieg und Gewalt in Ordnung sind

Zum Helden wird man nicht mit völlig willkürlich oder aus niederen Beweggründen angewandter Gewalt, wie sie häufiger im Black oder Death Metal und Deathcore thematisiert wird. Solche Gewalt würde das Publikum in der Regel ablehnen. Daher bedarf die Gewaltanwendung einer Begründung, um die Zustimmung zur Heldenfigur sicherzustellen. Mit willkürlich ausgeübter Gewalt in mittelalterlichen Szenarien kann umgekehrt die Ablehnung des hinter ihr stehenden Anliegens ausgedrückt werden (▶ Kap. 9). Eine Sonderrolle nimmt der bereits erwähnte Kampf für das Wahre Manowars in „Warriors of the World United" ein, der den Einsatz für den „wahren" Metal im Rahmen des Trueness-Konzepts der Band meint. Eine häufiger zu beobachtende Rechtfertigung von Gewalt ist es, das historische Szenario als einen Freiheitskampf darzustellen. Für die niederländische Band Heidevolk stellen die Sachsen in „Saksenland" (*Walhalla Wacht*, 2008) eine ethnische Gemeinschaft dar, die ihr Territorium mit dem Leben verteidigen will („Die Söhne Sachsens geben ihr Leben / und sterben für das Sachsenland"[49]). „Koning Radboud" vom selben Album ist eine Verneigung vor dem friesischen König Radbod des späten 7. bzw. frühen 8. Jahrhunderts, der sich fränkischer Einflussnahme und der Christianisierung widersetzte. Am Ende des Songs heißt es auf Niederländisch:

> Lieber tot als Sklave – ehrt eure Vorväter
> Lieber tot als Sklave – bleibt euren Brüdern treu
> Lieber tot als Sklave – ehrt euer Vaterland
> Lieber tot als Sklave – bleibt den Göttern treu[50]

Die mehrfach auf Niederländisch wiederholte Losung „Lieber tot als Sklave" dürfte Nordseeurlaubern in ihrer nordfriesischen Variante „Lewer duad üs Slaw" bekannt sein. In der friesischen Nationalbewegung des 19. Jahrhunderts war sie besonders populär und mit einer antidänischen Note versehen, da Schleswig-Holstein und somit auch Nordfriesland vom dänischen König beherrscht wurde. Auch in den westfriesischen Niederlanden wurde der Spruch zu dieser Zeit übernommen. Obwohl im Nationalsozialismus politisch vereinnahmt (in Nord- mehr als in Westfriesland), wird die Losung heute bis auf wenige Ausnahmen unpolitisch verwendet – als Verweis auf die fast mythische Freiheit Frieslands im Mittelalter, aber auch für das Marketing der Urlaubsregion. Heidevolk stehen ohnehin nicht in Verdacht, mit rechtsradikalen Tendenzen zu liebäugeln; sie bekennen sich als Demokraten.[51] Dennoch betten sie die Formel in einen nationalistischen Kontext ein (zu dieser Problematik ▶ Kap. 10). Diese Verbindung des Freiheitsstrebens mit Ahnenverehrung, Treue, (heidnischem) Glauben und Vaterland bemüht allerdings eher ein politisches Programm des 19. und 20. Jahrhunderts als des Mittelalters.

Ein Paradebeispiel für eine Freiheitskampferzählung sind die Konflikte zwischen Schotten und Engländern im 13. und 14. Jahrhundert, die als Schottische Unabhängigkeitskriege in die Geschichte eingegangen sind. Besonders Nationalheld William Wallace erfreut sich großer Beliebtheit. Seine Geschichte hat mit einem raschen Aufstieg und einem tiefen Fall alles, was man für eine spannende Erzählung braucht. Im letzten Drittel des 13. Jahrhunderts in eine Familie aus dem schottischen Niederadel geboren, führte Wallace 1297 eine Rebellion gegen die Entrichtung von Abgaben an die Engländer an, die sich erheblich ausweitete. Burgen fielen, Vertreter des englischen Königs Eduards I. wurden vertrieben und umgebracht. Einen legendären Sieg erlang die aufständische Armee in der Schlacht bei Stirling Bridge, von der man aber eigentlich nicht weiß, wo sie wirklich stattgefunden hat. Nach ihrem Triumph gelang es den Rebellen, den Konflikt auszuweiten und in den Nordosten Englands nach Northumberland zu tragen. Wallace, nun zum Ritter erhoben, gelangte fast an die Spitze Schottlands: Er wurde als Guardian des Königreichs zum Regenten, der den verhinderten schottischen König in dessen Sinne vertreten sollte. Ihren anfänglichen Schwung aber verlor die Rebellion schon bald. Ein Heer des englischen Königs fügte den Schotten bei Falkirk im Sommer 1298 eine empfindliche Niederlage zu, in deren Folge Wallace 1299 das Amt des Guardians abgab und durch Europa reiste, um für die schottische Sache zu werben. Zurück in Schottland beteiligte er sich 1303 wohl an mehreren partisanenkampfartigen Aktionen, ohne größeren Erfolg. Die Lage schien aussichtslos, als sich der schottische Adel 1304 dem englischen König unterwarf. Wallace kapitulierte nicht; er wurde 1305 verhaftet und schließlich hingerichtet. König eines unabhängigen Schottlands wurde erst Robert the Bruce, der sich zeitweise an den Aufständen Wallaces beteiligt hatte: Nach der englischen Rückeroberung Schottlands rief sich Robert zum König aus und gewann mit wachsender Unterstützung der Bevölkerung immer größere Landesteile. Im Juni 1314 wehrte er in der Schlacht bei Bannockburn eine größere englische Armee ab. Nun saß er, auch wenn der Krieg mit England weiterging, in seinem Königreich fest im Sattel. Bald erzählten Dichter und Geschichtsschreiber die Legende von William Wallace, dem unbeirrbaren, nicht vom Weg abweichenden schottischen Freiheitskämpfer. Über Gedichte und Nacherzählungen des 18. und 19. Jahrhunderts wurde sie bis in unsere Gegenwart tradiert, sodass sie im Metal immer wieder aufgegriffen wird.

Es gibt drei prägnante Beispiele. In „The Clansman" von Iron Maiden (*Virtual XI*, 1998) beschreibt der Clansman ein schottisches Lebensgefühl, das von einer Verwurzelung in der Natur, der Zugehörigkeit zum Clan und insbesondere von Freiheitsgefühl geprägt ist. Ein schönes, übersichtliches Leben – wären da nicht die Feinde, die man als „die Engländer" identifizieren kann, die den Schotten die Freiheit und ihr Land rauben wollen. Das kann der Clansman nicht gutheißen und schwört, sie bis zum Tod zu bekämpfen und den ihm zustehenden Besitz sowie die Freiheit zurückzuerobern. Die Ausführungen kulminieren in den im Refrain mehrfach wiederholten Schlachtruf „Freedom".

Das zweite Beispiel ist die deutsche Heavy-Metal-Formation Grave Digger, die der Thematik gleich eine ganze Reihe von Songs widmet. In „The Battle of Bannockburn" erhalten die in Bedrängnis geratenen Schotten Unterstützung von den Templern, den eigentlichen Helden des Albums *Knights of the Cross* (1998). Zum Motiv des Freiheitskampfes gesellt sich bei Grave Digger das des Verteidigungs- und Abwehrkrieges. Die Alben *Tunes of War* (1996) und *Fields of Blood* (2020) arbeiten sich an zahlreiche Stationen der mittelalterlichen Geschichte ab, an denen sich die Schotten gegen die Engländer oder andere Gegner behaupten mussten. Da darf William Wallace nicht fehlen: „Freedom" (*Fields of Blood*) besingt ihn als kampfstarken Streiter für die Freiheit und wiederholt ähnlich wie bei Iron Maiden den Schlachtruf „Freedom". Der William Wallace des älteren Songs der Band, „William Wallace (Braveheart)" (*Tunes of War*), ist ebenfalls ein tapferer Krieger, ein einfacher Mann, der alles für Schottland gibt. Allerdings plagen ihn Selbstzweifel und die Angst vor dem Tod.

Nahezu alle Motive, anhand derer die Konflikte zwischen Schotten und Engländern erzählt werden und die das Handeln der schottischen Seite legitimieren sollen, werden im dritten Beispiel zusammengeführt. In Sabatons „Blood of Bannockburn" (*The Last Stand*, 2016) fordert ein lyrisches Wir zur Vereinigung der schottischen Nation auf („Scotland must unite"), die von England besetzt sei („We're here to break and end the occupation"). Nur der Einsatz von Gewalt könne zur Freiheit führen („Join the Scottish revolution, freedom must be won by blood") und die ersehnte Königsherrschaft herbeiführen, die sicherlich nicht die englische sein soll („We need a king to rule our land"). Auch wenn Robert the Bruce der namentlich unerwähnte Hauptgegenstand des Songs ist, darf eine Erwähnung William Wallaces nicht fehlen – dieser habe den Weg zur entscheidenden Schlacht geebnet („Wallace showed the way, led us to this day"). Bis zu seinem Erscheinen war der Song nach Aussage des Sängers Joakim Brodén der einzige von Sabaton in einer Dur-Tonart.[52]

Dadurch verbreitet er beim Hören eine positive Grundstimmung, die eher geeignet sein dürfte, revolutionären Eifer zu erwecken. Eine Moll-Tonart dagegen würde eher zum Sinnieren über die Aussichtslosigkeit des Kampfes anregen und dazu einladen, sich beim neblig-grauen schottischen Wetter in den eigenen vier Wänden zu verkriechen.

Mittelalterliche Herrschaftsauffassungen zielten auf Tradition, Ordnung und Beständigkeit. Selbst nach erfolgreichen Eroberungen, die heute als großer Einschnitt angesehen werden, versuchten die neuen Herrscher und oftmals auch die mittelalterlichen Geschichtsschreiber, eine Kontinuität zwischen der vorherigen und der neuen Herrschaft herzustellen. Umwälzungen wie Revolutionen hatten in dieser Ordnung keinen Patz. Ähnliches gilt für das, was wir unter Freiheit verstehen. Selbstbestimmung des Individuums und seine Möglichkeit zum autonomen Handeln spielten im Mittelalter für den Großteil der Bevölkerung keine Rolle – nicht einmal als Ideal. In ihrem Verständnis nahmen die Menschen den ihnen jeweils zugedachten Platz in der göttlichen Ordnung ein (▶ Kap. 12). Über diese Ordnung waren sie in komplexen Beziehungsgeflechten miteinander verbunden, etwa über rechtliche Beziehungen wie Lehensverhältnisse. Eine kollektive Identität in Form eines allgemein verbreiteten Nationalgefühls, das später zu großen Kriegen führen sollte, war gering bis überhaupt nicht ausgeprägt. Nicht Nationen kämpften gegeneinander, sondern Personen, die aufgrund ihrer Bindungen an andere Personen dazu verpflichtet waren, die Zugriffsrechte eines Herrschers auf die Ressourcen einer Region durchzusetzen.

Der aus dem Niederadel stammende William Wallace, durch und durch Monarchist, kämpfte also keineswegs für die Freiheit des schottischen Volks oder seiner Nation. Er kämpfte für die Interessen des schottischen Adels und Königtums. Noch deutlicher zeigt sich die geringe Rolle einer kollektiven Identität zu dieser Zeit am „Verrat" Roberts the Bruce an Wallace. Als Robert 1302 befürchtete, der abgesetzte König John Balliol könnte wieder auf den Thron gesetzt werden, lief er zur Partei Eduards I. von England über. Als das ausblieb und Schottland von den Engländern zurückerobert worden war, beteiligte er sich an der Ermordung seines Hauptrivalen John Comyn und rief sich selbst zum König aus. Um sein Ziel zu erreichen, hatte er ohne Rücksicht auf schottische „Nationalinteressen" mit „dem Feind" zusammengearbeitet. Dennoch wurde er schließlich als schottischer König akzeptiert – an nationalen Kriterien ausgerichtete Politik sieht anders aus. Einzig und allein der Verteidigungskrieg ist eine Rechtfertigung für den Einsatz von Gewalt, die sich bereits im Mittelalter findet. Sie hängt mit der Lehre vom gerechten Krieg des Kirchenvater Augustinus zusammen, die bis in unsere Gegenwart nachwirkt.

Unterdrückernation gegen freiheitsliebende Nation, Besatzung, Freiheitskampf, Revolution – das sind Elemente, die eher an moderne Kriege, politische Umstürze oder Kämpfe gegen Kolonialmächte erinnern. Da alle diese Konfliktformen mit der Erlangung von Freiheit verknüpft sind, einem zentralen Ideal bürgerlicher Gesellschaften, dürften die meisten sie positiv bewerten. Die Bands legitimieren das gewaltsame Vorgehen ihrer Protagonisten also im weitesten Sinne neuzeitlich. So erleichtern sie den Zugang, ihre Fans müssen sich nicht in eine andersartige mittelalterliche Welt hineindenken. Auch die Schwarz-Weiß-Malerei, die es sehr leicht macht, sich mit einer Seite zu identifizieren, begünstigt die Zugänglichkeit. Zu gut ist die Geschichte von David gegen Goliath.

Die historischen Nationalhelden liefern Stoff für große und epische Erzählungen, sind allgemein bekannt und beliebt. Perfekter Stoff für den Metal, sollte man meinen! Doch das Gegenteil scheint der Fall zu sein. Der Streiterin Frankreichs gegen England, Johanna von Orléans, widmet sich nahezu niemand – Ausnahmen bestätigen die Regel: Powerwolf, „Joan of Arc" (*Wake Up the Wicked*, 2024). Der englische Kreuzfahrer und König Richard Löwenherz erfährt deutlich weniger Aufmerksamkeit als William Wallace (▶ Kap. 9). Und eine Person aus dem deutschsprachigen Raum, die mit dem schottischen Helden gleichziehen könnte, sucht man vergebens. Als Helden angesehen wurden hierzulande oft Könige und Kaiser, die im Nationalsozialismus für Expansions-, Eroberungs- und Vernichtungspolitik vereinnahmt wurden. Ihr Ruf lässt sich durch ihre Neubewertung im Zuge der Aufarbeitung nationalsozialistischer Geschichtspolitik zwar reparieren, aber für einen Heldenstatus reicht es nicht mehr. Mit ähnlichen Problemen zu kämpfen hat der spanische Ritter Rodrigo Díaz de Vivar, bekannter unter dem Namen El Cid. Im 11. Jahrhundert kämpfte er mal für den christlichen kastilischen König, nach seiner Verbannung auch für maurische, also muslimische Herren. Unter Spaniens Diktator Francisco Franco wurde er dennoch zum Inbegriff des Vorzeigekriegers eines traditionalistisch-katholischen Spaniens und der Reconquista (der christlichen „Rückeroberung" Spaniens). In Songs hauptsächlich des spanischen Metals ist El Cid ein Protagonist, dem selten ein mit William Wallace vergleichbarer Ruhm zukommt. Wegen seiner Vereinnahmung unter Franco eignet er sich eher für ambivalente Darstellungen. Die Moral von der Geschichte: Offensichtlich haben die Nationalhelden „größerer" Länder ein Imageproblem. Stattdessen schafft es der Nationalheld eines „kleinen" europäischen Landes zu internationaler Beliebtheit. Woran liegt das?

Erstens liegt es am Selbstverständnis der Metalszene. Der Metal entstand als Sub- und Gegenkultur. Das Interesse, sich an einem staatstragenden Personenkult zu beteiligen, dürfte zunächst gering gewesen sein. Den Helden eines anderen Landes zu besingen, gerade wenn es um einen Konflikt mit dem eigenen Land geht, hat dagegen subversiven Charakter. Wenn die englische Band Iron Maiden über den schottischen Freiheitskämpfer singt, weht ein Hauch von Rebellion.

Zweitens geht es um Ressentiments gegenüber Großmächten. Die Erzählung von „Klein gegen Groß" funktioniert so gut wie eh und je – und besonders gut im Falle Schottlands, weil wir als Publikum das mittelalterliche England nicht ohne das neuzeitliche denken können. In den Texten über die englisch-schottischen Auseinandersetzungen schwingt das Bild eines von England dominierten Großbritanniens mit, das rücksichtslos und verbrecherisch ein riesiges Kolonialreich errichtete und sich mit der halben Welt anlegte, um seinen Großmachtstatus zu erlangen und zu behaupten. Fast jedes größere europäische Land stand in seiner Geschichte in Konflikt mit Großbritannien. Infolgedessen entstanden weitverbreitete Ressentiments gegenüber England, die immer wieder neu zu Tage treten: sei es in aktuellen Debatten (Brexit, schottische Unabhängigkeitsreferenden) oder im Fußball. An diese Ressentiments können auch die populären Geschichtsdarstellungen anknüpfen. Mit den nationalistischen Narrativen um die Schottischen Unabhängigkeitskriege kann man sich vor allem deshalb identifizieren, weil der Gegner ein Land ist, das es schon irgendwie verdient haben wird.

Dabei kann Wallace auf eine lange Tradition politischer Vereinnahmung zurückblicken: Während er sich im 19. Jahrhundert bei den europäischen Nationalbewegungen großer Beliebtheit erfreute, fremdelten in Schottland konservativ und unionistisch Gesinnte mit ihm. Mal sah man in der Anglo-Schottischen Union (1707) die Vollendung von Wallaces Verdiensten um die schottische nationale Identität. Mal bezog man sich lieber nicht auf ihn, um nicht den Verdacht zu erwecken, wie die Iren die Unabhängigkeit anzustreben. Anders sahen das Linke und Nationalisten, wo Wallace zu den immer radikaleren Gruppen weitergereicht wurde. Hier war er mit unterschiedlicher Schwerpunktsetzung der Kämpfer für Freiheit, gegen den Feudalismus, ein Wegbereiter der Demokratie, ein Held der Arbeiterklasse und der Nation. Aus der Vergangenheit leiteten die Nationalisten ihre Perspektive auf die Gegenwart ab. So wie der anglisierte schottische Adel William Wallace verraten habe, so habe er auch die Nation verraten – 1707 und schließlich in ihrer Gegenwart. Der Scottish National Party, die ihren Nationalismus kaum begründet, passte der kompromisslose Krieger dann wieder nicht ins Bild.

Dass sich Wallace heute auch in Schottland wieder größter Beliebtheit erfreut, hat mehrere Ursachen. Neben einem erstarkten Interesse an schottischer Geschichte ist die Macht der Monarchie deutlich zurückgegangen. Immer mehr Menschen haben republikanische Auffassungen. Die Bindung an die britische Monarchie und unionistische Ideen spielen heute vielfach kaum noch eine Rolle. Ein erheblicher Anteil der schottischen Bevölkerung steht der Zugehörigkeit zu Großbritannien und England skeptisch gegenüber, sodass auch William Wallace und die Schottischen Unabhängigkeitskriege wieder in den Vordergrund rücken. Es ist daher keine Überraschung, dass sich ein Lied wie „Blood of Bannockburn" in Schottland großer Beliebtheit erfreut.[53]

Mit den mittelalterlichen Verhältnissen hat all das wenig zu tun. Aber weil sich das Narrativ des schottischen Freiheitskampfes im Mittelalter ausschließlich gegen England richtet, kann sich der Rest der Welt unberührt von Vorwürfen mit den Schotten identifizieren. Der einzige Grund für den Erfolg William Wallaces kann das aber nicht sein. Sonst würde der Metal mit Helden aus „kleinen" Ländern überflutet werden, die von einem größeren Nachbarn erobert oder besetzt wurden. Das führt uns zum nächsten Punkt.

Dieser zweite Grund betrifft Schottland als Marke. Was verbinden Sie mit Schottland? Die Wahrscheinlichkeit ist groß, dass Sie an Whiskey, Dudelsäcke, Kilts, neblige Berge und ein gerolltes „R" denken. Dieses Schottlandbild ist international verbreitet und beliebt. Es wird für das Marketing der Tourismusindustrie ebenso abgerufen wie bei der Vermarktung von Musik. Dudelsäcke und Kilts in Musik-, Lyric- und Track-by-Track-Videos oder auf der Bühne sorgen für eine

Atmosphäre, die uns auf die Reise nach Schottland schickt. Sabatons „Blood of Bannockburn" wird prominent von einem Dudelsack eingeleitet und bei einzelnen Wörtern klingt es so, als ob der Sänger Joakim Brodén das „R" schottisch rollen würde. Live, so hat er in einem Video des bandeigenen Geschichtskanals auf YouTube angemerkt, ist die Band auch schon in Kilt und in „Scottish warpaint" aufgetreten.[54] Schottische Kriegsbemalung, schon mal gesehen?

Na klar: in *Braveheart*. Damit wären wir beim dritten Punkt. Zwar sind die Kämpfe von William Wallace und Robert the Bruce oft literarisch und filmisch verarbeitet worden, kein Werk aber war so erfolgreich und einflussreich wie der 1995 erschienene Film, bei dem der US-Amerikaner Mel Gibson Regie führte und die Hauptrolle spielte. Der Film verfestigte die Marke „Schottland" und führte als Gratiswerbung zu einem Anstieg an Reisen in das Land. Weitgehend griff er lediglich die bestehenden nationalistischen, anti-englischen Narrative auf, prägte jedoch nachhaltig das Bild von William Wallace als unbeugsamem Freiheitskämpfer, der aus Rache für seine ermordete Ehefrau zuerst eine Rebellion und dann einen stattlichen Krieg gegen das Königreich England anzettelt. Besonders ikonisch ist die Hinrichtungsszene, in der Wallace, bereits gefoltert und am Ende seiner Kräfte, statt um Vergebung zu bitten, seinen Tod mit seinem Freedom-Ausruf besiegelt. Diese penetrante Betonung des vermeintlichen Freiheitsstrebens der mittelalterlichen Schotten fügte sich in den Zeitgeist der 1990er Jahre ein. Nicht nur in Europa meinte man, die Freiheit habe über den Sowjetkommunismus gesiegt und sich somit endgültig durchgesetzt. Der US-amerikanische Politikwissenschaftler Francis Fukuyama rief sogar das *Ende der Geschichte* aus. David Hasselhoffs gecoverte Version von „Looking for Freedom" von 1989 mutierte zur Hymne dieser Zeit und auch andere Lieder über Freiheit waren populär, zum Beispiel George Michaels „Freedom! '90". Dieser Zeitgeist und besonders seine Manifestation in Form von *Braveheart* beeinflussten das Bild von William Wallace erheblich, auch in der Metalszene. Manch eine Band dürfte sich mit ihren Texten über den schottischen Freiheitskampf ausschließlich auf *Braveheart* beziehen, ohne das Film-Narrativ je infrage gestellt zu haben. Der erhebliche Einfluss von *Braveheart* zeigt sich nicht zuletzt daran, dass eine Band wie Sabaton dieselben Anachronismen aufgreift wie der Film: weder Kilts noch blaue Gesichtsbemalung gab es im Mittelalter.

Auch auf der richtigen Seite: Die Wikinger

Wie Schottland sind auch die Wikinger eine Marke mit hohem Wiedererkennungswert: Drachenboot, Runen, Trinkhorn, Schwert, Rundschild – schon befindet man sich mit den Skandinaviern wahlweise auf Abenteuer- oder Plünderfahrt. Durch ihre Präsenz in Filmen, Comics, Computerspielen und Romanen fliegen ihnen die Herzen zu, obwohl sie mit strahlenden Helden wenig zu tun haben. Klöster und Dörfer überfallen, plündern und abbrennen, Menschen ermorden, versklaven und vergewaltigen, schließlich ganze Königreiche erobern – alles keine Dinge, mit denen man sich beliebt macht. Dennoch haben die frühmittelalterlichen Skandinavier im Metal eine ähnlich positive Presse wie Schottland im Kampf gegen England. Abgesehen davon, dass die historischen Wikinger mit dieser Aufzählung nur unzulänglich beschrieben wären, dürfte in erster Linie eine starke religionspolitische Komponente für ihre Beliebtheit sorgen; dazu später (▶ Kap. 10 und 11).

Wie für Schottland dürfte aber auch hier gelten, dass die lange zurückliegende Expansion von Gruppen, auf die sich heute „kleine" Nationen zurückführen, eher akzeptiert wird. Sie ist kein Baustein einer aktuellen oder zu befürchtenden Expansionspolitik. Zudem waren die Ziele der Wikinger teilweise Großreiche wie das Frankenreich, aus dem im Verlauf des Frühmittelalters Frankreich und das römisch-deutsche Reich hervorgingen, oder England, das zu Beginn der Wikingereinfälle zwar noch aus mehreren Königreichen bestand, dennoch aber wie oben beschrieben aus der Retrospektive als „böse Großmacht" bewertet werden dürfte. Anders als im Fall Englands werden die Gewalthandlungen der Wikinger zur eigenen Bereicherung zudem als Kontrapunkt zur zivilisierten Moderne zelebriert oder positiv umgedeutet. Aus dem Überfall auf das Kloster Lindisfarne in Enslaveds „793 (Slaget om Lindisfarne)" (*Eld*, 1997) wird beispielsweise eine Schlacht. Das klingt nach gleichen Chancen für beide Seiten, wo doch in der Realität eine Seite Waffen hatte, die andere nicht. Mönchen war das Tragen von Waffen und der Kampf untersagt. Indem das Lied behauptet, die Wikinger hätten die Herrschaft über den Norden an die Christen verloren, wird aus einem grausamen Überfall eine berechtigte Racheaktion im Kampf gegen einen übermächtigen Gegner. Täter-Opfer-Umkehr gibt es auch im Metal.

Der von Wikingern erlittene Tod ist folgerichtig ein Opfer- oder ein Heldentod. Der von den Wikingern gebrachte Tod ist die Strafe für die Zugehörigkeit oder die Konversion zum Christentum. Für die Opfer der Wikinger bringt der Metal nur selten Empathie auf, sie werden als ängstlich und schwach charakterisiert. Ihre Angst, wie sie beispielweise in „The Longships are Coming" von Unleashed (*Sworn Allegiance*, 2004) dargestellt wird, dient als Aushängeschild für den furchteinflößenden Ruf der Wikinger. Nur selten wird den Opfern Handlungsmacht zugeschrieben. Iron Maidens „Invaders" (*The Number of the Beast*, 1982) sind eine erdrückende Übermacht, gegen die die Einheimischen keine Chance haben. Lediglich der von der irischen Folk-Metal-Band Cruachan in „Viking Slayer" (*Pagan*, 2004) dargestellte Abwehrkampf ist ein hundertprozentiges Heimspiel für die Iren. Von einseitigen Darstellungen weichen die Bands selten ab. Eine Ausnahme ist „Saxons and Vikings" (*The Great Heathen Army*, 2022), den Amon Amarth gemeinsam mit drei Mitgliedern der britischen Band Saxon produziert haben. Hier überziehen sich abwechselnd Wikinger und Angelsachsen mit Beleidigungen und Vorwürfen, sodass am Ende der Eindruck entsteht, beide Gruppen hätten aus ihrer Perspektive legitime Gründe für ihre Gewalt. Dieses Konzept übernahmen Amon Amarth möglicherweise von Jethro Tull, die im Lied „Broadsword" (*The Broadsword and the Beast*, 1982) bereits jeweils eine Strophe den Verteidigern und eine den Angreifern widmeten.

Die Anwendung von Gewalt braucht in den meisten Fällen also einen Grund, der das Anliegen der ausübenden Seite legitimiert und das der ertragenden Seite delegitimiert. Dabei greifen die Bands auf für Menschen der Gegenwart nachvollziehbare Motive zurück. Nicht immer sind es aber die aus der Perspektive des Metals „Guten", von denen die Gewalt ausgeht. Das folgende Beispiel der Kreuzzüge zeigt, dass Gewalt auch kritisch dargestellt wird.

9
(K)ein ruhmvolles Kapitel: Die Kreuzzüge im Metal

Nicht nur im Metal, auch in der Politik gibt es häufiger Bezüge zu mittelalterlichen Themen als man denkt. Einige Themen sind positiv konnotiert (etwa Karl der Große, in dessen Namen jährlich für Verdienste um Europa und die europäische Einigung der Karlspreis verliehen wird), andere sorgen für ein wohlwollendes Schulterzucken (etwa die Feier von Stadtjubiläen), aber manche polarisieren. Dazu zählen die Kreuzzüge.

Als die US-amerikanische Regierung nach den verheerenden Anschlägen vom 11. September 2001 den *war on terror* ausrief, wähnte sich Präsident George W. Bush auf einem Kreuzzug. Kritik ließ nicht lange auf sich warten, die Verwendung des Begriffs *crusade* stellte er ein. Eine Rücknahme der Kreuzzugsanspielungen des US-Verteidigungsministers Pete Hegseth hingegen dürften schwer möglich sein. In kritischen Artikeln über ihn in der liberalen amerikanischen Presse und in Europa spielten auch seine Tätowierungen eine Rolle. Auf der Brust trägt er das Jerusalemkreuz, das Symbol des im Zuge des Ersten Kreuzzugs gegründeten Königreichs Jerusalem. Und auf seinen rechten Oberarm hat er den Schriftzug „Deus vult" („Gott will es") eintätowiert, den in der US-amerikanischen Alt-Right-Bewegung populären Schlachtruf der Kreuzfahrer. Seinem Buch *American Crusade: Our Fight to Stay Free* zufolge befinden sich die USA – George W. Bush lässt grüßen – auf einem Kreuzzug gegen Islamisten. Vor dem Hintergrund der mittelalterlichen Kreuzzüge sollte diese Parallelisierung weniger das Bild eines zielgerichteten Vorgehens gegen Terroristen hervorrufen, die sich wie Bin Laden umgekehrt auch oft im Kampf gegen Kreuzfahrer wähnen, sondern das Bild willkürlich eingesetzter Gewalt gegen Nicht-Christen. In einem konservativen evangelikalen Milieu, in dem Mission und „Kampf für den Glauben" einen positiveren Klang haben, erfahren die Kreuzzüge aber eine weniger negative Bewertung als in liberalen Kreisen. Hier dürfte man weltanschaulich gar nicht so weit vom mittelalterlichen Kreuzzugsgedanken entfernt sein, wenn auch die historischen Kreuzzüge und die Bewertung ihrer Rolle für die Gegenwart komplexer sind als hier angedeutet. Die mitunter als politischer Kampfbegriff verwendete Vokabel „Kreuzzug" existierte im Mittelalter noch gar nicht, sondern kam erst im 17. Jahrhundert auf. Die mittelalterlichen Kreuzfahrer befanden sich nach ihrem Verständnis dementsprechend nicht auf einem Kreuzzug, sondern auf Pilgerschaft oder einem Kriegszug. In den meisten modernen Perspektiven spielt dieser Aspekt nur eine untergeordnete Rolle. Zu attraktiv ist die Reduzierung des historischen Phänomens auf das Schlagwort für moderne Adaptionen. Politische Vereinnahmungen sind nur eine Variante davon. Auch auf zahlreiche Metalbands übt das, was wir mit den Kreuzzügen verbinden, einen großen Reiz aus.

Historischer Hintergrund: Der Erste Kreuzzug

Die unmittelbare Vorgeschichte des Ersten Kreuzzugs begann mit einem Hilfsgesuch des byzantinischen Herrschers, des Basileus Alexios I. Komnenos an Papst Urban II. gegen Ende des 11. Jahrhunderts. Die Dynastie der Seldschuken hatte in Persien und Turkestan ein Reich mit dem Zentrum Bagdad errichtet und bedrohte nun das, was vom oströmischen Reich übrig war. Mit großen Gebieten hatte der Basileus auch Möglichkeiten verloren, Krieger zu gewinnen – und hoffte nun auf Unterstützung aus dem Westen. Die Gesandten des Alexios stellten beim Papst den Kampf gegen die Feinde von Byzanz als gesamtchristliches Anliegen dar und deuteten im Gegenzug die Möglichkeit einer Vereinigung der in West und Ost gespaltenen Kirche an. Mit seinem Anliegen stieß er bei Urban II. auf offene Ohren. Urban II. konnte hoffen, zumal er und nicht Gegenpapst Clemens III. um Hilfe ersucht worden war, im Erfolgsfall nicht nur nominelles, sondern reales Oberhaupt der gesamten Christenheit zu werden. Im November 1095 brachte der Papst auf einer Bischofsversammlung, der Synode von Clermont, das Anliegen des Basileus vor. In einer öffentlichen Rede rief er zur Unterstützung der östlichen Christen auf, für die die westlichen Christen ihre Konflikte untereinander einstellen, Buße tun und ihre Aufmerksamkeit auf die Feinde des Christentums richten sollten. Begeistert sollen die Zuhörer den zum Kampfruf der Kreuzfahrer gewordenen Satz „Deus lo vult!" gerufen haben (diese Form des Ausrufs ist von den romanischen Volkssprachen dieser Zeit beeinflusst, was die Abweichung vom klassisch Lateinischen „Deus vult" auf Pete Hegseths Tattoo erklärt). Schnell wurde aus dem Ziel der Unterstützung des Basileus das der Eroberung Jerusalems. Denn wo war es wichtiger, „die Heiden" zu bekämpfen als am Grab Jesu? Prediger warben für die Sache einfache Leute wie Adlige an, zusätzlich zu denen, die unmittelbar nach Clermont ihre Teilnahme zugesagt hatten. Am Ende fanden sich mehrere zehntausend Menschen bereit, ins Heilige Land zu ziehen.

Dass sich so viele für den Waffengang einfanden, hat viele Ursachen, unter anderem die bereits erwähnte Lehre vom gerechten Krieg des Kirchenvaters Augustinus. Sie wurde im Frühmittelalter mit dem Gedanken der „Heidenabwehr" verbunden. Außerdem entstand zu dieser Zeit ein Kriegerstand mit christlichem Selbstverständnis, der empfänglich für die Botschaft des Papstes war. Für einen Großteil der nicht-adligen Teilnehmer dürfte dieser Punkt entscheidend dafür gewesen sein, das Glück in der Ferne zu suchen. Essenziell war außerdem die Vorstellung, man könne sich an heiligen Orten von seinen Sünden reinigen. Und einen besseren Ort als Jerusalem konnte es dafür nicht geben – an der Wirk- und Begräbnisstätte Jesu. Auch die Lebensbedingungen und Erbverhältnisse im christlichen Europa, die vielen kein hinreichendes Auskommen garantierten, spielten eine Rolle.

Ursprünglich sollten sich die Kreuzfahrer an Mariä Himmelfahrt 1096 auf den Weg machen. Schon vorher brachen mehrere Haufen einfachen Volks in Richtung Osten auf, meist unter der Führung obskurer Prediger oder Adliger, und hinterließen eine Spur der Verwüstung und des Gemetzels. Noch im römisch-deutschen Reich wüteten sie besonders im Rheinland, wo sie die jüdische Bevölkerung ermordeten oder zwangstauften. Um diesen Übergriffen zu „entkommen", suchten zahlreiche Jüdinnen und Juden ihr Heil in kollektiven Selbstmorden. Dem sogenannten Volkskreuzzug war kein Erfolg beschieden. Ein Teil der Haufen gelangte zwar nach Kleinasien, wurde dort aber von den Seldschuken vernichtet. Etwas später setzten sich die besser organisierten und ausgerüsteten Gruppen der Ritter in Gang. Schätzungen zufolge umfasste die – für das Mittelalter ungewöhnlich große – Armee insgesamt vielleicht 20.000 Fußsoldaten und 7.000 Rittern mitsamt zehntausenden Klerikern, Frauen, Kindern und noch mehr Pferden.

Begleitet von zahlreichen Belagerungen, zum Beispiel von Antiochia (das heutige Antakya), und Schlachten, zunächst in Kooperation mit dem Basileus, schließlich im Alleingang, schlugen sich die Kreuzfahrer in Richtung Jerusalem durch. Ihr Vorankommen wurde von inneren Unstimmigkeiten im Seldschukenreich begünstigt, die ein abgestimmtes und einheitliches Vorgehen gegen die christlichen Invasoren erschwerten. Der Anblick des Heeres dürfte indessen kein besonders glorreicher gewesen sein: Hitze, Wassermangel, zu wenige Vorräte und die Überquerung des Taurusgebirges im Winter – all das forderte menschlichen Tribut. Hinzu kamen die in zahlreichen Regionen feindlich gesinnten Einheimischen, die den gewalttätigen Invasoren, deren Vordringen immer von Massakern und Plünderungen begleitet war, keine Unterstützung leisten wollten.

Im Juni 1099 erreichte das zahlenmäßig stark reduzierte Kreuzfahrerheer schließlich Jerusalem. Nach einem ersten überhasteten Angriff konnten sie die Mauern der Stadt schließlich im Juli überwinden und wüteten unter der jüdischen und muslimischen Bevölkerung in einem zuvor nicht dagewesenen Ausmaß. Ab sofort unterstand Jerusalem wieder einer christlichen Herrschaft, die mit dem Transport von Leichenbergen aus der Stadt begann.

Sofern sie nicht in ihre Heimat zurückkehrten, sicherten sich die adligen Anführer des Kreuzzugs ihren Lohn für die Beteiligung an der „Befreiung" der Heiligen Stadt und errichteten neue Herrschaften im eroberten Gebiet, die sogenannten Kreuzfahrerstaaten. Bereits vor der Eroberung nahm der italische Normanne Bohemund von Tarent den Titel eines Fürsten von Antiochia an, Graf von Edessa wurde Balduin von der Boulogne. Graf Raimund IV. von Toulouse eroberte die Ländereien der Grafschaft Tripolis. Über Jerusalem herrschte zunächst der französische Adlige Gottfried von Bouillon, nach dessen Tod Balduin zum König von Jerusalem gekrönt wurde. Das Königreich Jerusalem stülpte einer islamischen Verwaltung ein christliches Herrschaftssystem über. Die Gesellschaft besaß klare hierarchische Strukturen: Ganz oben waren die Franken, wie die europäischen Christen von den Arabern genannt wurden, dann kam die einheimische christliche und dann die muslimische Bevölkerung, die durch Kleidungsvorschriften und Ungleichbehandlung, etwa vor Gericht, ausgegrenzt wurde. Ganz unten im Königreich standen die Juden, denen das Betreten der Stadt Jerusalem verboten war. Die islamischen Nachbarreiche verhielten sich zu den Fürstentümern der Kreuzfahrer teilweise pragmatisch als Verbündete oder Gegner. Wirklich akzeptiert wurde die Herrschaft der Franken jedoch nicht. So waren die auf die Eroberung Jerusalems folgenden 200 Jahre von einem ständigen Kampf um die eroberten Gebiete, neuen Kreuzzügen, Vereinbarungen über das Betreten Jerusalems und anderen Deals geprägt. Letztendlich hielten die Kreuzfahrerstaaten dem Druck nicht stand und gingen unter.

Amen und Angriff! Bewertungen und Erzählperspektiven im Metal

Kriege größeren Ausmaßes, die von einer christlichen Autorität ausgerufen werden und über eine religiöse Komponente verfügen, bieten zahlreiche Anknüpfungspunkte für den Metal: sowohl für die verbreitete religionskritische Haltung als auch für die Verarbeitung des Themas Krieg. Somit üben die Kreuzzüge fast zwangsläufig eine große Faszination auf viele Metalbands aus. Die Kreuzzugsthematik zeigt, dass sie nicht um jeden Preis Heldengeschichten erzählen oder den Metal als Gegenkultur formieren wollen. Sie richten ihre Inhalte durchaus auch an den Werten der breiteren Gesellschaft aus. Erwecken die vorwiegend im Heavy und Power Metal anzusiedelnden Bands einmal den Anschein, dies nicht zu tun, werden ihre Darstellungen zumindest innerhalb von Teilen der Szene diskutiert.

„Crusader" von Saxon (*Crusader*, 1984) ist eines der frühesten Lieder im Metal zum Thema der Kreuzzüge und verarbeitet sie als Abenteuerszenario. Er ist aus der Perspektive einer Person geschrieben, die mit ins Heilige Land ziehen und gegen die „Heiden" kämpfen will, er besingt das gerechte Anliegen und den Zusammenhalt der Christen.

Schon kurz nach „Crusader" und in neueren Liedern werden die Kreuzzüge jedoch überwiegend negativ dargestellt. Den Schlachtruf der Kreuzfahrer greifen Powerwolf mit dem Titel „In the Name of God (Deus Vult)" (*Preachers of the Night*, 2013) auf. Die Synode von Clermont, mit der sich der Song auseinandersetzt, ist Gitarrist Matthew Greywolf zufolge eines „der frühen Beispiele, wie Religion und Glauben dazu zweckentfremdet wurden, um Menschen zu instrumentalisieren." Die Bischofsversammlung bezeichnet er als „eine geschichtsträchtige Messe".[55] Vielleicht ist das einer nur oberflächlichen Beschäftigung oder einem Flüchtigkeitsfehler im Interviewmarathon geschuldet. Durch diese Umdeklaration fügt sich die

Synode aber auch besser ins Konzept der Band ein, die ihre Konzerte als Metal-Messen bezeichnet und vermarktet (Live DVDs: *The Metal Mass live*, 2016; *The Monumental Mass: A Cinematic Metal Event*, 2022). Zunächst stellt der Song in Power-Metal-typischer Manier Kämpfer dar, die Ehre suchen und standhaft für Gott kämpfen. Mit diesem Bild wird am Ende des Songs durch grammatikalisch nicht ganz korrekte lateinische Versatzstücke gebrochen. „Agnus Christus" (wörtlich: „Lamm Christus") spielt auf den „Agnus Dei" („Lamm Gottes") an, das Symbol für den wiederauferstandenen Jesus, und wird in eine Reihe mit „Cantus Lupus" (wörtlich: „Gesang Wolf") und „Sanctus Lupus" („heiliger Wolf") gestellt. Zum einen könnte man den Wolf als Symbol für die grausam wütenden Kreuzfahrer interpretieren oder als einen Verweis auf ein früheres Album (*Lupus Dei*, 2007) und den Bandnamen. Zum anderen pervertiert die Aufzählung den liturgischen Gesang des „Agnus Dei", einen festen Bestandteil der katholischen Messe, in ihr Gegenteil – ein klassisches Stilmittel im Metal. Auch andere Songs mit Kreuzzugsbezügen des Albums *Preachers of the Night* verdeutlichen den Standpunkt der Band, indem Begriffe aus dem Kontext christlicher Gottesdienste gelöst und mit Gewalt und religiöser Verblendung in Verbindung gebracht werden. Das ist etwa in „Kreuzfeuer" der Fall, wo Lobpreisrufe („Ehre sei Gott") als fieberhafte Wahnäußerungen wirken („Gott hat uns den Wahn gebracht"). In „Amen & Attack" verschmelzen Gebet und Kampfschrei, Glaube und Gewalt zu einer Einheit. Mit ihren Bezugnahmen formen Powerwolf ein finsteres, pervertiertes Gegenstück auf die katholische Messe, das als Kritik an den Kreuzzügen, religiöser Verführung zur Gewalt und der Verbindung von Gewalt und Religion zu verstehen ist und noch dazu in seiner Form zum Konzept der Band passt.

Indirekt nimmt auch „Sichelmond" von Schandmaul (*Narrenkönig*, 2002) Bezug auf die Synode von Clermont. Der Ansatzpunkt der Kritik Schandmauls ist aber ein anderer als der Powerwolfs. In drei Blöcken, bestehend aus jeweils zwei Strophen, thematisiert der Song die Vorgeschichte, den Verlauf und den Ausgang der Kreuzzüge. Nicht so sehr die Ausübung von Gewalt im Namen des Glaubens, sondern das Verheizen von Menschen durch „die Obrigkeit" ist das Thema des Stücks. Die religiösen Faktoren, die zum Ersten Kreuzzug geführt haben, werden zum Blendwerk, das soziale Gegensätze überdeckt, indem sie auf eine ironische Art wiedergegeben und so als nicht glaubwürdig dargestellt werden:

Es hebt an ein Wehgeklag'
Es schwankt das Seelenleben
Es schickt sich an das Heidenpack
Die heil'ge Stadt zu nehmen
Welch' Drohung für die Christenheit
Es muss etwas geschehen
So entschied die Obrigkeit:
Das Volk wird kämpfen gehen!

Aus einfacheren Leuten und Adeligen, die sich freiwillig zur Kreuzzugsteilnahme entschieden, wird „das Volk", eine Verfügungsmasse der „Obrigkeit". Diese nutzt die Sorgen und Hoffnungen der armen Leute („Traum vom Ruhm von Glück von Gold") und deren schlechte Versorgungslage unter Versprechungen des Seelenheils aus, um sich zu bereichern („Kämpfende Mäuler fressen nicht / Und bringen reiche Beute"). An den Folgen des gescheiterten Unternehmens tragen die Verführten schließlich schwer: „Ein Krüppel steht am Wegesrand / Ein Säufer dort am Fass". Ähnlich ist es in „Poor Man's Crusade" von Demons & Wizards (*Demons & Wizards*, 2000) ein Adliger, der zur Teilnahme am Kreuzzug verführt.

Die Kreuzzüge dienen Demons & Wizards und Schandmaul nur untergeordnet der Religionskritik. Sie stellen den Hintergrund dar, vor dem soziale Verhältnisse kritisiert werden. Religion fungiert, marxistisch-leninistisch ausgedrückt, als „Opium für das Volk", womit „das Volk" von der „Klassenfrage", seiner sozialen Benachteiligung in der Gesellschaft, abgelenkt wird. Ob Schandmaul den Text so gemeint haben, sei dahingestellt. Sie sind keine dezidiert linke, schon gar nicht linksradikale Band und waren bis auf Statements gegen Rechtsradikalismus politisch nicht sonderlich aktiv. Aber auch für eher unpolitische Menschen können solche Narrative überzeugend sein, besonders wenn sie an säkulare oder religionskritische Haltungen andocken können. Es mag uns heute schier unvorstellbar erscheinen, dass im Mittelalter Adel und Papsttum mit göttlicher Autorität über Krieg und Frieden entscheiden konnten – und dass das Volk sogar folgte. Als „wahre" Beweggründe kommen daher nur materielle Interessen infrage – was mehr über uns als über das Mittelalter aussagen dürfte. Doch fällt es schwer, diese anachronistische Perspektive auf die Kreuzzüge einzunehmen. Religiöse Ansichten spielten bei dem Ausrufen der Kreuzzüge sehr wohl eine bedeutende Rolle. Der Kreuzzugsaufruf konnte nur in einer zutiefst christlichen Gesellschaft seine Wirkung entfalten. Außerdem wurden beide, „einfaches Volk" und Adel, in Mitleidenschaft gezogen. Vor allem aber stellt die Darstellung der Kreuzzugsteilnehmer als Opfer vor dem Hintergrund ihres Wütens unter den unerwähnten Nicht-Christen eine Täter-Opfer-Umkehr dar.

Eine andere Darstellungsform im Metal zeichnet die Kreuzzugsteilnehmer als Täter, die in der Retrospektive nachdenklich die Ereignisse schildern. In „Glory" von Kamelot (*The Fourth Legacy*, 1999) treffen wir den Kreuzfahrer in einem Moment der Selbstreflexion an. Obwohl militärisch erfolgreich, will sich ein Gefühl von Ruhm bei ihm nicht einstellen. Sein Gewissen meldet sich – seine Opfer finden aber nur in ein bis zwei Zeilen Erwähnung, während sich der Protagonist ausufernd dem Selbstmitleid hingibt. Da Gott sich nicht bei ihm meldet, fühlt er sich allein gelassen mit dem Schicksal, das er vielen bereitet hat. Insofern übt der Song weniger Kritik an den Gewalthandlungen als vielmehr an einem Glauben, der zur Gewalt anstachelt und dessen Gott durch Abwesenheit glänzt. In „The Script for My Requiem" von Blind Guardian (*Imaginations from the Other Side*, 1995) ist es anders. Hier suchen die Stimmen der Opfer den Kreuzfahrer heim, er möge alles von ihnen nehmen, sie hätten seinen Christus nicht getötet. Der Christusmord wurde im Mittelalter (und bis in die Moderne) pauschal „den Juden" vorgeworfen. Daraus lässt sich schließen, dass der Protagonist an der Ermordung von Jüdinnen und Juden beteiligt war. Auch wenn der Song aus der Perspektive des Täters erzählt, lässt er als einer von wenigen die Opfer der Kreuzfahrer zu Wort kommen, sodass die Rücksichtslosigkeit seines Handelns Gestalt annimmt – wenn auch nur in seinem Kopf.

Ausgerechnet die Death-Metal-Dampfwalze Bolt Thrower, von der man Empathie am wenigsten erwarten würde, stellt in „The IVth Crusade" (*The IVth Crusade*, 1992) den Vierten Kreuzzug aus der Perspektive der Opfer dar. Ziel des Vierten Kreuzzuges war eigentlich die Eroberung Ägyptens. Venedig gelang es jedoch, den Fokus der Kreuzfahrer auf Byzanz und insbesondere die Hauptstadt Konstantinopel zu lenken. Im April 1204 eroberten Kreuzfahrer die Stadt, plünderten und mordeten drei Tage. Der Song von Bolt Thrower lässt die verzweifelten Opfer zu Wort kommen, die den Sinn der Grausamkeiten nicht verstehen, wo doch Kreuzfahrer und Stadtbevölkerung an denselben Gott glauben – bzw. geglaubt haben, denn im Moment der großen Bedrängnis scheint eine der Stimmen vom Glauben abgefallen zu sein. Auch hier bleibt die Botschaft dieselbe: Religion bringt nur Leid und Tod, Gott taucht ab. Dazu passend zeigt das Cover des Albums das Gemälde *Der Einzug der Kreuzfahrer in Konstantinopel* des französischen Malers Eugène Delacroix von 1840, das den Fokus durch helle Farbgebung auf die Opfer lenkt. Sie sind tot, trauernd oder in abwehrender Haltung den Eroberern ausgeliefert (▶ Abb. 11).

Der Niederlage der Kreuzfahrer bei Hattin im Juli 1187, in deren Folge große Teile der Kreuzfahrerstaaten einschließlich Jerusalems verlorengingen, widmen die Power Metaller Chrystallion ihr Konzeptalbum *Hattin* (2008). Sie lassen die Kontrahenten Saladin und Guido von Lusignan, den König von Jerusalem, zu Wort kommen, aber auch die muslimische und die christliche Armee, Bürger ver-

Abb. 11: Empathischer Death Metal – die Opfer im hellen Licht: Eugène Delacroix, *Der Einzug der Kreuzfahrer in Konstantinopel* (1840) auf einem Cover von Bolt Thrower.

schiedener Städte und andere. Diese verschiedenen Perspektiven sorgen tendenziell für eine neutrale Erzählung statt einer Schwarz-Weiß-Malerei. Das Leid des Krieges tritt jedoch hinter den Äußerungen der Charaktere zurück, wie man sie in Musicals erwarten würde. So fühlt man sich wie in einen Monumentalfilm versetzt. „Ehrenwerte" Akteure beider Seiten streiten gegeneinander, ähnlich wie der Held Balian und Saladin im Film *Königreich der Himmel* (2005).

Trotz der letzten zwei Beispiele kann man sagen, dass sich die meisten Bands nicht für die Perspektive der Opfer, sondern die der Kreuzfahrer interessieren. Das mag erzählerische Gründe haben, benötigen die Bands im Power und Heavy Metal für eine Geschichte doch einen Protagonisten, der „Action" bietet, wofür die aggressiven Kreuzfahrer reichlich Material liefern. So betrachtet ist es doch keine Überraschung, dass eine Death-Metal-Band die Perspektive der Opfer einbringt. Andererseits könnte man auch den Kampf der muslimischen Seite gegen die europäisch-christlichen Fremdherrscher als Freiheitskampf à la *Braveheart* erzählen. Dass diese Perspektive nicht eingenommen wird, dürfte damit zusammenhängen, dass der Fokus der Kreuzzugsforschung lange eher auf den Kreuzfahrern und deren kriegerischem Handeln lag. Diskutiert wurde zum Beispiel, ob die Kreuzzüge Angriffs- oder Verteidigungskriege waren oder was ein Kreuzzug überhaupt ist. Die Angegriffenen und die Beziehungen zwischen lateinischen und orientalischen Christen, Muslimen und Juden rückten erst in den letzten Jahrzehnten in den Mittelpunkt. Dafür gibt es auch einen methodischen Grund. Um die Quellen der Gegner und Opfer der Kreuzfahrer verstehen zu können, braucht man Sprachkenntnisse, die klassisch ausgebildete Mediävistinnen und Mediävisten nicht unbedingt mitbringen: nicht nur Latein, sondern auch Griechisch, Arabisch, Hebräisch, Armenisch und viele andere Sprachen. So können nur hochgradige Spezialisten die Perspektive der Kreuzzugsopfer umfassend erforschen. Bis der Perspektivwechsel der Forschung in allgemeinen Kreuzzugsvorstellungen der Popkultur angekommen ist, dürfte noch einige Zeit vergehen.

Es gibt aber noch einen weiteren Grund, die Perspektive der Kreuzfahrer einzunehmen. Der große Reiz des Mittelalters liegt zwar in seiner Andersartigkeit, aber es ist eine Andersartigkeit, mit der wir medial vertraut sind. Das europäische Mittelalter ist dadurch leichter zugänglich als das, was parallel zu ihm außerhalb Europas passierte. Nicht so vertraut sind unsere Seh-, Hör- und Lesegewohnheiten mit dem arabisch-muslimischen 12. und 13. Jahrhundert, werden sie in der Popkultur doch seltener aufgegriffen. Ein Teufelskreis! Zudem dürfte das zur westlichen Mehrheitsgesellschaft gehörende Publikum die Kreuzzüge meist als Bestandteil der eigenen Geschichte verstehen. Diese gefühlte kulturelle Nähe weckt erst einmal das Interesse an den Kreuzfahrern, die man intuitiv zu verstehen meint, egal ob sie nun positiv oder negativ bewertet werden. Für die „fremden" Muslime trifft das nicht zu, in deren Kultur müsste man sich erst einarbeiten. Das Abweichen von bekannten (europäischen) Pfaden löst weniger Assoziationen aus, sorgt für ein weniger atmosphärisches Hörerlebnis und würde das Publikum eventuell sogar überfordern. Das läuft natürlich dem Ziel der Bands zuwider, ein möglichst großes Publikum zu erreichen. Also wird die europäisch-christliche Perspektive als Aufhänger für Religions- oder Sozialkritik, einen wahlweise düster-schaurigen oder epischen Hintergrund genutzt, vor dem man menschliche Abgründe oder die Taten von Heldenfiguren erzählen kann.

Es war ja nicht alles schlecht?

Nahezu unübersichtlich wird die Lage, wenn nicht nur die Kreuzzüge, sondern auch Tempelritter dargestellt werden. Nach dem Ersten Kreuzzug entstanden Ritterorden, die sich dem Kampf gegen „Ungläubige" und dem Schutz von Pilgern verschrieben hatten. Besonders um die 1120 gegründeten Templer, die sich nach ihrem Quartier benannten, dem vermeintlichen Tempel des biblischen Königs Salomon, ranken sich zahlreiche Mythen. Nicht zuletzt wurde die Fantasie der Menschen dadurch angeregt, dass der Orden zu Beginn des 14. Jahrhunderts vom Papst verboten und sein letzter Hochmeister in Paris verbrannt wurde. Zunächst aber florierte er.

Aufgegriffen wurden die Templer bereits auf dem Cover der englischen Rockband Jerusalem (*Jerusalem*, 1972), das eine kniende Person mit weißem Umhang mit rotem Kreuz zeigt. Das Cover steht nach Bandmitglied Paul Dean aber nicht für eine religiöse Aussage, sondern dafür, dass man in seinem Leben für alles kämpfen müsse und solle.[56] Eine ähnliche Botschaft dürfte Hammerfall vorschweben, die die Templer anachronistisch als Miteroberer Jerusalems präsentieren, die Eroberung der Stadt als Befreiung und den Kampf gegen die „Ungläubigen" als erstrebenswertes Ziel („Steel Meets Steel", *Glory to the Brave*, 1997). Völlig unreflektiert findet dies in Szenemedien Widerhall, wenn eine Tour der Band mit den Worten angekündigt wird, die „schwedischen Metal-Tempelritter befinden sich auf ihrem fünften Kreuzzug".[57] Dass die Band kein negatives Bild der Templer zeichnet, beweist die Verwendung des Ritterordens als Sinnbild für die Gemeinschaft zwischen Band und Fans, die „Templars of Steel" (*Renegade*, 2000). Im Power Metal kommt es besser an, auf der Seite der Guten zu stehen als auf der der Bösen.

Hammerfall haben keine Kritik für ihre einseitige, unkritische und verherrlichende Darstellung der Templer und des Ersten Kreuzzuges erfahren. Anders erging es Grave Digger, deren ambivalentere Darstellungen spannender sind. Auf ihrem Album *Knights of the Cross* (1998) sind die Templer zwar die Protagonisten, nicht aber die Helden. In aller Deutlichkeit zeichnet der titelgebende Song sie als im Namen Gottes mordende, vergewaltigende Menschenfresser. In „Heroes of this Time" kontrastiert die Band Heilsversprechungen mit christlich motivierter Gewalt („heroes of this time / paradise comes / when blood flows / like wine"). Die Ziele des Ordens und die Kreuzzüge an sich werden also nicht als legitim präsentiert. Religion ist wie bei anderen Bands ein Medium der Steuerung von Menschen. Das zeigt sich besonders in „Fanatic Assassins". Im Fall des Christentums bestimmt der Papst, im Fall des Islams verfügt der Anführer der Assassinen (der „old man of the mountains") über seine „Kriegsmaschinen" („war machines"). Nicht nur die der Angreifer, sondern die religiösen Anführer beider Seiten werden als Verführer dargestellt. Vor dem Hintergrund der europäisch-christlichen Fremdherrschaft erscheint diese Gleichsetzung allerdings nicht ganz schlüssig.

Fragwürdig ist Grave Diggers Darstellung des englischen Königs Richard Löwenherz. Richard nahm am Dritten Kreuzzug teil, der als Reaktion auf die bereits erwähnte vernichtende Niederlage einer Kreuzfahrerarmee bei Hattin und die vollständige Eroberung des Königreich Jerusalems durch Saladin ausgerufen wurde. Löwenherz beteiligte sich an der Belagerung der heute im Nordwesten Israels gelegenen Stadt Akkon, ließ nach deren Kapitulation ca. 3.000 Gefangene hinrichten, weil Saladin das Lösegeld nicht rechtzeitig bezahlt hatte und setzte den Kampf gegen den Sultan fort. Da keine Kriegspartei wesentliche Erfolge verbuchen konnte, einigten sich die Kontrahenten auf die Aufteilung der umkämpften Gebiete: Die Kreuzfahrer erhielten die Städte an der Küste (bis auf Gaza und Askalon), Saladin die Binnengebiete. Jerusalem blieb unter muslimischer Herrschaft, sollte den christlichen Pilgern aber offenstehen.

Der Song „Lionheart" von Grave Digger feiert den König dagegen als Bringer von Freiheit und als strahlenden Helden. Sein Heldentum wird ihm wohl allein wegen seiner kriegerischen Tätigkeit zugeschrieben. Doch damit nicht genug: Der Song erwähnt zwar das Massaker, es mindert aber den Heldenstatus des Königs nicht. Im Gegenteil preist der Song anschließend die Großherzigkeit („generous heart") und allgemein die Größe des Königs. Mit dieser positiven Darstellung sind Grave Digger nicht allein. Saxon feiern den König in „Lionheart" (*Lionheart*, 2004) als Verteidiger des Glaubens und auch die österreichische Power-Metal-Band Serenity widmet ihm ein ganzes Album (*Lionheart*, 2017). In einem Song darauf, „Hero", will Richard Löwenherz Gerechtigkeit herstellen, indem er das Heilige Land zurückerobert. Ähnlichkeiten mit dem Charthit „Hero" von Enrique Iglesias der ersten Zeile des Zitats sind vermutlich nur Zufall:

I will be your hero
Keeping up what is ours
Now
Across the holy land
I will show my power
Raising my flags

Eine Reflexion über die die Rolle der europäischen Christen als Aggressoren findet wie bei Hammerfall und Saxon nicht statt. Vor dem Hintergrund der im Metal überwiegend kritischen Haltungen zu den Kreuzzügen ist die positive Darstellung von Richard Löwenherz jedenfalls überraschend, insbesondere im Falle Serenitys, weil der Sänger der Band Historiker ist und die kritische Auseinandersetzung mit historischen Narrativen zu seinem täglich Brot gehört.

Zumindest Teile der Szenemedien sind bei derartigen Darstellungen sehr wachsam. Die Rezensionen zu *Knights of the Cross* von Grave Digger zeigen sich gegenüber den historischen Aspekten meist gleichgültig, fallen aber vereinzelt heftig aus. Der Rezensent auf *Metal.de* lässt sich mit einer Lust am Verriss über das stark vereinfachende Geschichtsbild der Band aus und fragt sich, ob „die vier Herren tatsächlich alle bescheuert sind" oder nur einzelne Bandmitglieder. Die Geschichte der Kreuzzüge und Templer sei komplizierter, „als es jede Band der Welt auf einem Album darstellen könnte".[58] Auch im Fall Serenitys vertreten die Szenemedien gegensätzliche Positionen. Richards episches Leben sei die perfekte Vorlage für ein Metal-Album, das man „als eine Hommage an den Anführer des dritten Kreuzzuges betrachten" könne, lesen wir beispielsweise auf *Metal.de*.[59] Ein anderer Rezensent konstatiert, Richard Löwenherz sei zwar ein komplizierter Mann gewesen, der komplizierte Dinge aus komplizierten Gründen getan habe. Dies zu thematisieren, würde sich natürlich nicht für hymnenhafte Songs eignen. Die unkritische Heldendarstellung sei im Jahr 2017 dennoch nicht mehr zeitgemäß. Fazit: Album gut, aber schlechtes Konzept („a good record, but a bad concept record").[60]

In einem jüngeren Song, „Nights of Jerusalem“ (*Symbol of Eternity*, 2022), stellen Grave Digger ganz anders als Hammerfall die Eroberung Jerusalems im Zuge des Ersten Kreuzzuges als Horror dar, scheinen sich also vom Geschehen zu distanzieren. Dennoch bewegte eine Textzeile zu einer höflichen Nachfrage: „Bring me the heads of the Muslim warriors“. Der Interviewer des *RockHard*-Magazins wollte von Sänger Chris Boltendahl wissen, ob er „zweimal darüber nachdenkt, ob man so eine Zeile schreibt, obwohl sie in den zeitlichen Kontext der Kreuzzüge passt.“ Auf derartige Nachfragen antworten Bands in der Regel sehr vorsichtig. In diesem Fall gab der Interviewer die Antwort fast vor. Wie in solchen Fällen üblich, reagierte auch Boltendahl abwehrend und relativierend. Die Aussage des Texts sei nicht politisch zu verstehen, sondern entspräche dem mittelalterlichen Zeitgeist, der eben auch im Namen der Religion zur Gewalt aufgerufen habe.[61] Ähnlich äußerte sich auch Serenitys Georg Neuhauser über Richard Löwenherz. Der sei zwar ein „Schlächter“ gewesen, aber so seien mittelalterliche Herrscher nun einmal gewesen. Anschließend hebt er die positiven Eigenschaften des englischen Königs hervor.[62] In einem anderen Interview verweist Boltendahl darauf, dass einiges in seinen Texten nur Fiktion sei. Von *Knights of the Cross* seien „nur 70–80 % belegbar, ein Teil der Sachen sind ja auch nur Mythen“.[63] Die Band sei eine reine Unterhaltungsband, die Abenteuergeschichten erzähle. So verarbeite sie Stoffe, wie sie zum Beispiel in *Indiana Jones und der letzte Kreuzzug* verfilmt worden seien. Dazu passend, vergleicht der Sänger das Werk der Band mit einem Film ohne Bild.[64]

Mit ihren Verweisen auf den – wie auch immer zu verstehenden – mittelalterlichen Zeitgeist und die Funktion der Musik als Unterhaltungsmedium versuchen Boltendahl und Neuhauser zweierlei: Sie wollen ihre Geschichtsdarstellungen trotz fiktionaler Elemente als authentisch verteidigen und zugleich deren historisch-politische Dimension ausblenden. Die beiden erheben damit den Anspruch, eine von uns unabhängige Vergangenheit zu präsentieren. Das ist allerdings kaum möglich, da unser Blick auf die Vergangenheit immer standortgebunden ist. Wir wurden nun einmal im 20. oder 21. Jahrhundert geboren und damit ist ein gewisser Horizont verbunden, in dem wir uns mit der Vergangenheit auseinandersetzen, selbst wenn wir versuchen, unsere Gegenwart so weit wie möglich auszublenden. Der Rückzug auf das Argument, man stelle Richard Löwenherz in seinem mittelalterlichen Kontext dar, verfängt erst recht nicht, wenn man ihn als Helden darstellt. Denn wie wir schon gesehen haben, beinhaltet die Zuschreibung des Heldentums eine Bewertung der Rolle, die eine historische Person für die jeweilige Gegenwart spielt (▶ Kap. 8).

Anhand von Heldentum und Geschichte handeln Gesellschaften ihre Wertevorstellungen aus, wenn man so will: ihre ethischen Grundlagen. In diesem Sinne kann der Maßstab für die Beurteilung der Vergangenheit kein anderer sein als der für die Gegenwart. Auch wenn das Handeln von Richard Löwenherz ein im Mittelalter übliches Vorgehen war, kann es gegen eine Zuschreibung des Heldentums im 21. Jahrhundert sprechen. Wer ein Massaker an Gefangenen verübt hat, dürfte heutzutage kaum noch als Vorbild gelten. Und so gibt es einen wesentlichen Unterschied zwischen einer Darstellung von Richard Löwenherz als Held und einer Textzeile wie „Bring me the heads of the Muslim warriors". Letztere ist in einen Song eingebettet, der die Eroberung Jerusalems nicht als heroische Tat, sondern als gewalttätigen Horror erzählt. Das dürfte dem historischen Ereignis zwar eher gerecht werden, ist aber kein Freifahrtschein, die Perspektive der Gegenwart und ihre Wertemaßstäbe vollständig auszublenden. Daher hat auch hier ein kritischer Blick auf den Song nichts damit zu tun, Geschichte „nach heutigen Maßstäben ins kleinste Detail zu verpolitisieren", wie ein Rezensent Grave Digger für *Symbol of Eternity* in Schutz zu nehmen müssen meint.[65] Es geht um ein Bewusstsein für die Perspektivgebundenheit von Geschichte, das geradezu dazu zwingt, den Standort des Erzählers oder der Erzählerin zu analysieren.

Anders als die eingangs präsentierten Beispiele für die politische Indienstnahme der Kreuzzüge durch US-Politiker, haben die genannten Bands keine politische Agenda. Wie kommen sie dennoch darauf, einen Kreuzfahrer wie Richard Löwenherz als großen Helden darzustellen? Die wenigsten sind Historikerinnen und Historiker, Geschichte ist für sie nur ein Hobby. Dementsprechend muss man von ihnen kein stringentes und geschlossenes Geschichtsbild oder eine theoretische Reflexion über Heldentum erwarten. Boltendahl hat selbst darauf aufmerksam gemacht, dass ihn eine Serie und ein Film auf die Kreuzzugsthematik für *Symbol of Eternity* gebracht hätten. Wie im Falle von William Wallace dürften die Bands für ihre Lieder besonders strahlkräftige populäre Darstellungen aufgegriffen haben, die sich in Teilen widersprechen. In Filmen und historischen Romanen ist das Bild von Richard Löwenherz als kampfstarkem, mutigem und edlem Anführer allgegenwärtig. Die Wurzeln dieses Bildes reichen bis ins Mittelalter zurück. Bereits mittelalterliche Troubadoure und Schriftsteller heroisierten den König in der uns bekannten Weise – und auch Richard selbst wollte sich so vermarkten. Da er sich, abgesehen von der Zeit seiner Kreuzzugsteilnahme und seiner anschließenden Gefangenschaft, meist in Frankreich aufhielt, war es Teil seiner Selbstinszenierung, eine Verbindung zum legendenhaften König Artus herzustellen. Wie schon sein Vorgänger wollte er sich damit einen persönlichen Bezug zur mythischen Geschichte Britanniens geben. So gab er den Anstoß, nach dem Grab des legendären Königs und dessen Frau Guinevere zu suchen (ein angebliches Grab wurde auch entdeckt), und meinte, Artus' Schwert Excalibur zu besitzen. In der Neuzeit wurde Richards Gegner Saladin als „edler Heide" mit ritterlichen Tugenden charakterisiert. Diese Qualitäten fielen auf den englischen König zurück, da es einen Mann von Format brauchte, der „als einziger dem muslimischen Helden die Stirne bieten"[66] kann. In den Geschichten um Robin Hood wiederum ist Richard Löwenherz der Überkönig schlechthin, für den es sich zu leiden und zu rauben lohnt, da er nach seiner Rückkehr die Unrechtsherrschaft seines Bruders Johann Ohneland beendet und Freiheit und Gerechtigkeit bringt. So dürften die Bands vermutlich der Versuchung erlegen sein, einen genretypischen Helden für ihre Musik zu suchen, und gingen über Umwege der Selbstinszenierung einer Person aus dem 12. Jahrhundert auf den Leim. Seine Darstellung als Held wird schließlich mit der grundsätzlich kritischeren Bewertung der Kreuzzüge vermengt.

10
Wenn zwei oder drei die Edda lesen: Mythologie und Religion

Auch Religion im Metal ist ein sehr weites Feld, das kaum überschaubar ist. Eindeutig ist jedoch, dass der Metal dem Christentum – vorsichtig formuliert – nicht uneingeschränkt positiv gegenübersteht. Daraus ergibt sich ein besonderer Blick auf das Mittelalter. Denn das Mittelalter war über weite Strecken eine vom Christentum durchdrungene Epoche. Könige oder Kaiser galten als von Gott eingesetzt, Mönche und Nonnen verbrachten einen großen Teil ihres Lebens im Gebet, die Bevölkerung auf dem Land und in den Städten sorgte sich um ihr Seelenheil und brachte verschiedene Formen der Volksfrömmigkeit hervor.

Bis es so weit kommen konnte, musste das Christentum im Römischen Reich einen Wandel von einer verfolgten Religion zur Staatsreligion durchleben. In den römischen Provinzen nördlich der Alpen war es fest verankert, wohingegen die Menschen in den Gebieten außerhalb des Römischen Reichs zwar mit dem Christentum in Kontakt gekommen waren, es jedoch selten angenommen hatten. Während die barbarischen Völker, die sich im Römischen Reich bzw. auf dessen Gebiet niedergelassen hatten, eine der Spielarten des Christentums übernahmen, blieben größere Regionen Europas davon unberührt. Vor allem in Nordeuropa, im östlichen Mitteleuropa und in Osteuropa dominierten weiterhin pagane Vorstellungen, zu denen meist ein Universum aus vielen Gottheiten gehörte. Neben das Christentum traten außerdem die zwei anderen großen monotheistischen Religionen: Vor allem die Iberische Halbinsel und der östliche Mittelmeerraum waren vom Islam geprägt und zusammen mit den Christen und Muslimen Mittel-, West- und Südeuropas lebten zahlreiche Juden. Trotz ihrer historischen Präsenz spielen das mittelalterliche Judentum und der Islam, sieht man vom Kreuzzugsszenario ab, aber eine deutlich geringere Rolle im Metal.

Professionelle Distanz zum Christentum

Wie wir bereits gesehen haben, wird das mittelalterliche Christentum im Zusammenhang mit den Kreuzzügen und (im Mittelalterrock) durch die Verwendung von Liedgut aufgegriffen, das aus christlich geprägten Regionen und Zeitabschnitten des Mittelalters stammt. Während Pagan und Viking Metal die Kirche und das Christentum zum Feind machen und offensiv heidnische Glaubensinhalte verbreiten, sind im Mittelalterrock nur selten programmatische Texte zur Religion zu finden. Religion wird durchaus kritisiert – Kirche, Pfarrer und Heiland dienen als Symbole für Doppelmoral oder Gier (▶ Kap. 12). Grundsätzlich anti-christliche Positionen sind damit jedoch in aller Regel nicht verbunden.

Ungefiltert christliche Inhalte geben Mittelalterrockbands in geistlichen Gesängen wieder, zum Beispiel Subway to Sally in „Alle Psallite Cum Luya“, „Sanctus“ (*Bannkreis*, 1997) oder „Gaudens in Domino“ (*Himmelfahrt*, 2023). Ziel der Bands ist es aber sicher nicht, die Inhalte der Texte zu verbreiten. Die lateinischen Gesänge werden kaum kontextualisiert und dürften nur von den wenigsten Fans verstanden werden. Daraus ergibt sich im Werk der Bands ein Nebeneinander von geistlichen und religionskritischen Liedern. Mitglieder von Subway to Sally gestehen der Kirche und der mittelalterlichen Spiritualität einen historischen Beitrag zur Entstehung der aktuellen Musikkultur zu oder stellen fest, das Christentum sei eben auch Bestandteil der „abendländische[n] Kultur“, der sich die Band widme.[67] Sie vertonen die christlichen Werke also säkularisiert-künstlerisch und sehen das christliche Element als einen bloß historischen Bestandteil der Musik, der im Text transportiert, aber von der Band nicht vertreten wird. Vereinzelt ist es aber auch ein nicht näher definierter spiritueller Tiefgang, der die Bands reizt: „Ich bin zwar nicht besonders gläubig, aber die Textzeilen gehen mir sehr nahe", so der Sänger von In Extremo über das „Palästinalied".[68] Subway to Sally und Co. kann man mit klassisch ausgebildeten Musikerinnen und Musikern vergleichen, die gerne Bach aufführen, sich deshalb aber noch lange nicht mit den in seinen Werken transportierten Glaubensinhalten identifizieren. Dieser professionellen Distanzierung zum Christentum geht es weniger um eine weltanschauliche Grenze, sondern darum, sich mit der christlichen Kunst als Bestandteil einer mittlerweile atheistischen Kultur zu beschäftigen.

Mythologie im Metal: Warum und wofür?

Im Gegensatz zum Christentum und erst recht zum Judentum und Islam werden die „heidnischen" Glaubensvorstellungen der Spätantike und des frühen Mittelalters von zahlreichen Bands aufgegriffen. Welcher Mythologie sie sich bedienen, richtet sich zumeist nach ihrer Herkunft. Im deutschsprachigen Raum, den Niederlanden oder Skandinavien steht besonders die nordische bzw. germanische Mythologie hoch im Kurs, bei Bands aus Frankreich, Irland und der Schweiz die keltische (z. B. Primordial, Eluveitie), bei solchen aus Ostmitteleuropa und Osteuropa die slawische (z. B. Arkona). Wie kommt es zu dieser regionalen Aufteilung und warum kommen viele Bands auf die Idee, sich mit längst vergangenen religiösen Vorstellungen zu beschäftigen? Die Opposition zum Christentum und die Rolle der Mythologie für die eigene Identität haben wir oben bereits angesprochen (▶ Kap. 3). Zeit, der Sache etwas näher auf den Grund zu gehen – und zwar anhand von Bands, die sich der nordischen bzw. der germanischen Mythologie verschrieben haben.

Die nordische Mythologie bietet einen großartigen Fundus für spannende Geschichten, der von Bands vieler Genres aufgegriffen wird. Oft erzählen die Texte Göttersagen nach, spielen vage auf nordische Gottheiten an oder stellen blutige Auseinandersetzungen im Zuge der Christianisierung Nordeuropas dar. In „Skalds and Shadows" (*A Twist in the Myth*, 2006) laden Blind Guardian zu einem Abend, in dem die Erzählungen eines Skalden Realität und Mythos verschwimmen lassen. Nur noch die Nornen (drei Frauen, die das Schicksal weben) können beides auseinanderhalten. Neben den Nornen enthält der Song noch andere Anspielungen auf altnordische Mythologie, zum Beispiel dürfte die erwähnte „hall of the slain" Walhalla meinen, den Ort, an den die getöteten Krieger kommen. Ganze Göttergeschichten erzählen Saltatio Mortis in „Heimdall" (*Brot und Spiele*, 2018), „Loki" (*Für immer frei*, 2020) und der Single „Odins Raben" (2022). Das veranschaulicht ganz gut, dass sich die Bands unterschiedlich intensiv mit Mythologie beschäftigen. Hier das Einflechten einzelner Versatzstücke, dort die geschlossene Erzählung. Auch ist die Intensität der Aufmerksamkeit für die nordische Mythologie vom Subgenre abhängig. Während sie im Mittelalterrock, im Power, True oder Heavy Metal nur ein Element von vielen im Textrepertoire ist, ist sie im Pagan und Viking Metal, teilweise auch im Death Metal, der Dreh- und Angelpunkt für das künstlerische Schaffen.

Wie die Darstellung von Gewalt (▶ Kap. 8) erfüllt auch die Darstellung der Mythologie verschiedene Funktionen. Sie kann etwa als Vehikel für die Illustration allgemein menschlicher Probleme dienen. Johan Hegg, der Sänger von Amon Amarth, findet die nordische Mythologie von „einem philosophischen Standpunkt aus […] sehr inspirierend." Für Szene-Künstlerinnen und -Künstler wie ihn lassen sich noch heute relevante Werte wie „Ehrlichkeit, Vertrauen oder Loyalität" aus der Mythologie ableiten. Denn die Menschen hätten sich „in Sachen Emotion oder Mentalität […] seit der Wikingerzeit nicht wirklich weiterentwickelt".[69] So versteht Hegg den in „Helvegen" (*The Great Heathen Army*, 2022) verarbeiteten Weg nach Hel, also ins Totenreich, als Sinnbild für das Labyrinth des Lebens mitsamt all seinen Hindernissen.[70] *Utgard* (2020), die Außenwelt, die von Riesen und anderen gefährlichen Wesen bewohnt wird, steht für die Viking-Metal-Veteranen Enslaved für einen finsteren Ort, der sich menschlicher Kontrolle entzieht. Er führe den Menschen vor Augen, dass wir „unsere Angst besiegen und uns uns selbst stellen" müssen, so der Songwriter und Gitarrist der Band, Ivar Bjørnson.[71] Für viele ist die nordische Mythologie ein künstlerisches Ausdrucksmittel oder eine Chiffre, die dazu dient, zeitübergreifende und aktuelle Themen künstlerisch auszudrücken. Das „Nordische" ist für sie bloß ein lokal naher Bilderkosmos, der prinzipiell durch andere ersetzt werden könnte. So ließ Forsberg von Bathory wissen, dass seine Beschäftigung mit den Wikingern geografischer Zufall gewesen sei. Wenn er in Japan geboren worden sei, hätte er vielleicht über Samurai geschrieben oder als Italiener über das Römische Reich:

> Ich interessiere mich nicht für keltische Kultur. Ich interessiere mich nicht einmal für Wikinger-Kultur. Ich interessiere mich für gar keine Kultur. Ich nutze die verschiedenen Themen bloß als Hintergrund beim Schreiben der Texte. Wenn ich ein Album wie *Nordland* schreibe, benutze ich eben nordische Motive als Inspiration.[72]

Dieser vage Bezug auf das Nordische erlaube ihm eine größere künstlerische Freiheit, als wenn er sich auf konkrete Ereignisse bezöge, gibt Forsberg in einem anderen Interview zu Protokoll.[73]

Wenn die Mythologie nur Ausdrucksmittel ist, überrascht es nicht, dass die meisten Bands Religion an sich, also auch neoheidnischen Religionen, neutral bis ablehnend gegenüberstehen. Manche distanzieren sich sogar explizit vom Glauben an die germanischen Gottheiten und dem, was damit verbunden wird. Vom Interviewer gefragt, ob Enslaved „Rituale mit der Isa-Rune erlebt" hätten, wird der Sänger der Band deutlich: „Haha, du meinst, wir waren zusammen in einem Wald? Nein, solche New-Age-Scheiße machen wir nicht".[74] Ebenso kann man „Ode" von Bathory (*Destroyer of Worlds*,

2001) als Distanzierung von jeglicher Religion interpretieren: Forsberg, der „Gründervater" des Viking Metals, singt, niemand sei für seine Sünden gestorben, aber ebenso wenig werde er nach seinem Tod in einer Halle speisen („not dining in no hall up high" – gemeint: Walhalla). Auch Borknagar lehnen im „Nordic Anthem" (*Fall*, 2024) die Unterordnung unter jegliche Gottheit mit einem trotzigen „We won't bend our necks to any god!" ab. An die Stelle der Religion tritt die Geschichte: „We bow our heads to nothing but our past". Natürlich gibt es auch Bands, die explizit an wikingerzeitliche oder spätantik-germanische Riten anknüpfen wollen. Sie dürften aber eher eine Minderheit darstellen.

Wichtiger als die Verbreitung eines heidnischen Glaubens ist es vielen Bands, ihre Fans an (vermeintlich) vergessene Bestandteile der eigenen Kultur zu erinnern. Johnny Hedlund, Sänger und Bassist von Unleashed, will mit dem Besingen der heidnischen Götter Traditionen erhalten.[75] Für Sänger Per Joar Spydevold von Kampfar ist das Album *Heimgang* (2008) „eine Art Geschichtsstunde vom vergessenen Norden".[76] Und der Sänger der isländischen Band Skálmöld, Björgvin Sigurðsson, singt mythologisch inspirierte Texte, um „unser heidnisches Erbe zu ehren, unsere Vergangenheit als Inspiration zu nutzen und hoffentlich neue Leute dazu zu bringen, sich damit zu befassen."[77] Der Begriff des „Erbes" deutet es an: Die frühmittelalterlichen Heiden werden als Vorfahren verstanden, zu denen und zu deren Religion die Band eine Verbindung herstellen will. Auch für den Sänger der thüringischen Band XIV Dark Centuries – der Bandname spielt auf die seit der Christianisierung vergangene Zeit an – sind die antiken und frühmittelalterlichen Germanen seine Vorfahren. Diese würden „aus religiösen und den bekannten politischen und kurzzeitgeschichtlichen Ereignissen verleugnet". Zudem bedauert er, dass die Ausübung religiöser Bräuche, die den Germanen zugeschrieben werden, heutzutage als rechtsradikal gelten würde.[78] Damit sind wir beim nächsten Thema.

Wo beginnt die rechtsradikale Ideologie?

In der Tat ist das Verhältnis von Mythologie, nationaler Identität und problematischen bis hin zu rechtsradikalen Geschichtsbildern ein schwieriges. Dieses Problem besteht natürlich auch außerhalb des Metals, im Metal vor allem in den Bereichen des Black, Pagan und Viking Metal. In vielen Ländern ist die Mehrheitsgesellschaft gegenüber nordischer Mythologie nicht nur desinteressiert, sondern verbindet sie wegen ihrer Instrumentalisierung im Nationalsozialismus mit rechtsradikalen Ideologien. Diese Haltung begünstigt eine Selbstdarstellung von Bands als „Wahrer des historischen Erbes", die man im Metal wie unter Rechtsradikalen, aber auch in einer Schnittmenge aus beiden Szenen findet.[79] Entsprechend oft werden Metalbands mit dem Vorwurf des Rechtsradikalismus konfrontiert. Nicht immer sind diese Vorwürfe begründet, was wohl daran liegt, dass harmlose und rechtsextreme Referenzen schwer zu unterscheiden sind. Das erlaubt meist nur der Kontext. Weil beide, Metal und Rechtsradikalismus, denselben Fundus mythologischer Themen nutzen und Mythologie zudem in einem völkisch-nationalen Sinne identitätsstiftend ist, kann man mythologische Darstellungen im Metal leicht für rechtsradikal halten – auf jeden Fall sind sie anknüpfungsfähig für rechte Ideologien. Mythen dienen dazu, Abstammungsgemeinschaften zu konstruieren und einen Unterschied zwischen einer vermeintlich „einheimischen" Bevölkerung und „Zugezogenen" aufzumachen. Solche Ideen finden wir auch im Metal, wenn Bands sich als „Erben" oder „Nachfahren" der Germanen und Wikinger betrachten oder das Christentum als fremde Religion aus dem Süden darstellen (▶ Kap. 11).

Die Lage ist auch deshalb unübersichtlich, weil politisch unverdächtige und rechtsradikale Bands eine gemeinsame Ästhetik haben: Thorshämmer, Kriegerdarstellungen, Frakturschrift und dergleichen. Auch Texte und Äußerungen über „alte Werte", „Ehre", „Treue" oder „Loyalität" ähneln oftmals der Sprache der rechtsradikalen

Szene oder des „Dritten Reichs". Daher sind manche Bereiche des Metals auf den ersten Blick weltanschaulich schwer einzuordnen. Wo hört die Darstellung germanischer Mythologie aus historischem Interesse, als gute Story oder als Glaubensinhalt auf? Wo beginnen politische Motive?

Ein zwingendes Indiz für rechte Gesinnungen sind die gerade skizzierten Parallelen nicht. Wenn es in „Protector" von Heaven Shall Burn (*Of Truth and Sacrifice*, 2020) heißt: „I am your shield and sword", ist die Ähnlichkeit mit dem Namen des in Sachsen veranstalteten Neonazievents *Schwert und Schild Festival* mit an Sicherheit grenzender Wahrscheinlichkeit zufällig. Beide Begriffe und ihre Kombination sind schlicht allgegenwärtig. Etwas genauer hinschauen muss man im nächsten Beispiel. Im Rechtsrock wird mitunter ein mythischer Ort als Ursprung der „nordischen Rasse" konstruiert: Nordland. „Nordland" hieß eine SS-Division, die im Zweiten Weltkrieg an der Ostfront eingesetzt wurde. Es ist aber auch der Titel zweier Alben von Bathory (*Nordland I*, 2002; *Nordland II*, 2003). Forsberg baute zur Provokation vereinzelt gezielte, oberflächliche NS-Bezüge in seine Texte ein, distanzierte sich aber vom Neonazitum.[80] „Nordland" bezeichnet im gleichnamigen Song zwar das „land of ours since it rose out of deep cold sea", meint aber nur eine geografisch unbestimmte klischee-skandinavische Region, die als Ort der in den Liedern erzählten Handlungen dient. Im Gegensatz zum vermutlich gezielt ambivalent benannten Song Bathorys dürfte bei „Nordheim" (*Turis Fratyr*, 2005) der aus Oberbayern stammenden Band Equilibrium klar sein, dass nicht der Ursprung einer überlegenen „Rasse", sondern ein symbolischer Ort des idealisierten Lebens in einer vorchristlichen Gesellschaft besungen wird.

Sehr viel ambivalenter und fast nicht aufzulösen ist der Fall der oberfränkischen Band Varg, weil hier sehr viele Punkte zusammenkommen. Varg sind innerhalb der Szene generell umstritten. Sie würden die Mythologie- und Wikingerthematik klischeemäßig behandeln und zu häufig ihren Stil wechseln.[81] Dennoch ist die Band kommerziell durchaus erfolgreich; ihr Album *Ewige Wacht* (2023) stieg auf Platz 15 in die deutschen Albumcharts ein. Einige Jahre zuvor noch hatte die Band einen größeren Shitstorm ausgelöst. Ziel der Vorwürfe war zum einen der Sänger, Philipp Seiler (Künstlername: Freki). Von ihm war ein Foto in einem T-Shirt der Band Absurd aufgetaucht, die dem National Socialist Black Metal (NSBM) zuzurechnen ist. Den wegen Mordes verurteilten Gründer der Band Hendrik Möbus ließ er zudem auf die Gästeliste seines Festivals *Wolfszeit* setzen. Seiler sagte sich in der Folge von rechts los, die Band führte Aktionen gegen rechts durch („Varg & Fans gegen Nazis"). Das wiederum machte Varg zum Ziel einer Kampagne mit Boykottaufrufen von rechtsradikaler Seite, die auf diese Art gegen den „Verräter" vorgehen wollte.[82] Die Distanzierungen der Band wurden von den einen als glaubwürdig, von den anderen als Lippenbekenntnisse eingestuft.

So ganz wollte die Diskussion um Varg nicht abklingen. Und auch die Band selbst lieferte neuen Stoff, zum Beispiel mit ihren Texten zum Album *Das Ende aller Lügen* (2016). Im *RockHard*-Magazin warf der Rezensent Sebastian Schilling der Band vor, mit einer Wir-gegen-die-Mentalität und Anleihen an die damaligen Wutbürgerproteste gegen Flüchtlinge bewusst am rechten Rand zu fischen. Dagegen verteidigte sich Bassist Timo Schwämmlein (Künstlername: Managarm) in einem später erschienenen Streitgespräch mit Schilling. Er behauptete, dass Textzeilen wie die folgenden aus dem titelgebenden Song des Albums allgemein und ohne politische Intention entstanden seien:[83]

Schreit es hinaus
Das Volk hat neue Kraft
Das Ende aller Lügen
Steht auf und kämpft
Wir sind viele
Wir sind der Widerstand

Das scheint zumindest zweifelhaft. Doch wie dem auch sei, sind Varg ein Paradebeispiel für die Schwierigkeit, zwischen rechtsradikalen und nur mythologisch-interessierten Bands zu unterscheiden. Zentral ist die elementare Rolle, die der Wolf für das Bandkonzept spielt. Nicht nur die Band selbst, deren Name sich vom altnordischen *vargr* herleitet, was sich mit „Wolf" oder „Verbrecher" übersetzen lässt, auch mehrere Alben (*Wolfskult*, 2011; *Wolfszeit*, 2007; *Wolfszeit II*, 2019) und das Festival der Band tragen das Raubtier im Namen. Hinzu kommt eine Selbstidentifikation mit dem Wolf in mehreren Texten, wie zum Beispiel in „Achtung" (*Das Ende aller Lügen*):

Achtung
Hier sind die Wölfe
Wir sind zurück
Die Wölfe machen wieder Jagd [...]
Ein Rudel Wölfe
zu richten all das Feindespack

Mit ihrer Wolfsobsession und der Selbstidentifikation mit Wölfen sind Varg nicht allein. Goebbels wollte in den Reichstag einziehen „als Feinde, wie der Wolf in die Schafherde einbricht", Hitler ließ sich mit dem Decknamen „Wolf" ansprechen, das Führerhauptquartier wurde „Wolfsschanze" genannt und gegen Ende des Zweiten Weltkriegs baute Heinrich Himmler die Organisation „Werwolf" auf, die Sabotageakte in bereits befreiten Teilen Deutschlands verüben sollte. Der Grund für die Wolfsbegeisterung dürfte bei der Band und den Nazis ähnlich sein. Der Wolf gilt im Gegensatz zum Hund als nicht durch Zähmung verweichlichtes, aggressives Raubtier und als Bestandteil einer „germanischen Urwildnis",[84] nicht zuletzt wegen seiner Rolle in der Mythologie. Sonne und Mond werden bei Ragnarök (dem Weltuntergang) von zwei Wölfen verschlungen, Odin wird vom Fenriswolf getötet, auch kannte die germanische Mythologie wohl den in vielen Kulturen verbreiteten Werwolf, den sich vorübergehend in einen Wolf verwandelnden Menschen.

Hier tritt die Problematik der Nutzung germanisch-nordischer Mythologie durch den Metal und die Nationalsozialisten offen zutage. Eine Band mag sich noch so oft von rassistischen und neonazistischen Weltbildern distanzieren, bleibt sie ihren mythologischen Bezügen treu, macht sie es dem Publikum nicht leicht, sie zu durchschauen. Natürlich mag Varg den Wolf aus reiner Vorliebe für nordische Mythologie ohne politische Hintergedanken ausgewählt haben. Andererseits könnte man fragen, ob das Konzept der Band mit seinen Parallelen zur nationalsozialistischen Verwendung des Wolfs und seinen doppeldeutigen Texten nicht kontraproduktiv ist, wenn man dem Vorwurf des Rechtsradikalismus entgegentreten möchte. Zwar verwenden auch andere Bands das Tier intensiv, zum Beispiel Powerwolf, doch machen sie dies ganz anders als Varg. Einschlägige Fotos von Musikern der Band sind bisher jedenfalls noch nicht aufgetaucht.

Vorwürfe gegen Varg bzw. einzelne Mitglieder der Band mögen (mittlerweile) unbegründet sein. Dennoch zeigt die Band, wie schwierig es ist, sich glaubwürdig von einer rechtsradikalen Vergangenheit loszusagen, wenn man gleichzeitig an der Beschäftigung mit einer Mythologie festhält, die auch von Rechtsradikalen verwendet wird. Andererseits muss man auch fragen, warum die Band ihr Vorgehen ändern sollte. Dem kommerziellen Erfolg tun die Vorwürfe keinen Abbruch. Im Gegenteil: Der Fall Rammstein hat gezeigt, dass Vorwürfe Fans oftmals noch enger an die Band binden. So rückt das Rudel – das von Varg bemühte Wolfsrudel kann man auch als Sinnbild für die Gemeinschaft von Band und Fans verstehen – näher zusammen. Vielleicht gehört die Doppeldeutigkeit schlicht zum Marketingkonzept wie bei Bands wie Freiwild, die zum Ziel ähnlicher Vorwürfe wurden – und T-Shirts mit einem Statement „gegen Rassismus und Extremismus" verkaufen, mit denen sich die Band gleichzeitig auch von Links distanziert: „Wir sind nicht braun und auch nicht rot, du Vollidiot!"

Vor allem in Skandinavien, wo der Mythologie und der frühmittelalterlichen Geschichte eine größere Bedeutung zukommt als in Deutschland, räumen Metalbands Musik-Preise ab. Metal war Gegenstand einer Ausstellung nordischer Botschaften. Ivar Bjørnson von Enslaved und der ehemalige Drummer von Gorgoroth und Gründer der Nordic-Folk-Gruppe Wardruna, Einar Selvik, wurden sogar von der norwegischen Regierung beauftragt, ein Stück zum 200. Jubiläum der norwegischen Verfassung zu schreiben.[85] Eine gesamtgesellschaftliche Rolle dürfte der Metal hier also gerade wegen seiner Verarbeitung nordischer Mythologie spielen. Und das, obwohl auch in Skandinavien nordische Mythologie häufig mit Rechtsradikalismus assoziiert wird.

Der eine und wahre germanische Glaube?

Kritisch zu hinterfragen ist auch die Darstellung der nordischen Mythologie durch die Bands als Glaubenskanon ihrer Vorfahren. Denn die Quellenlage für pagane Glaubensinhalte und Rituale ist spärlich, was kritischeren Bands durchaus bewusst ist. Dass die Wikinger im Wesentlichen nur Gegenstände und wenige Schriften hinterlassen haben, stellt die Forschung immer wieder vor Herausforderungen. Oftmals müssen auch spätere Schriften als Quellen zurate gezogen werden, die Angaben über die Wikingerzeit enthalten. Das macht es nicht einfacher.

Die Annahme, Aussagen über *den* Glauben der Germanen bzw. der Wikinger treffen zu können, ist im Metal verbreitet. Sie baut im Grunde auf zwei Annahmen auf: dass die Edda als Quelle für heidnische Vorstellungen aussagekräftig ist und dass sie für mehr oder weniger alle Räume, in denen Germanen lebten, gültig ist. Als Edda werden zwei Werke bezeichnet. Einerseits meint man die sogenannte *Snorra-Edda* – ein Werk, das der isländische Gelehrte Snorri Sturluson (1179–1241) verfasste, um jungen Skalden Geschichten aus der vorchristlichen Zeit und die sprachlichen wie dichterischen Traditionen Islands zu vermitteln. Snorris Edda ist also eine Art Lehrbuch für Dichtkunst, die mit heidnischer Kultur verbunden ist. Andererseits geht es um die *Lieder-Edda*. Dabei handelt es sich um eine Sammlung von Liedern über germanische Götter und Helden, die in Island um 1270 vermutlich aus antiquarischem Interesse angelegt wurde. Das Problem: Als beide Werke entstanden, war die Bevölkerung Islands längst christlich. Die Forschung geht davon aus, dass sich das auf die Inhalte beider Eddas ausgewirkt hat. Für Snorris Edda gilt der Einfluss christlicher Vorstellungen als sicher. Snorri erhielt seine Inhalte als „ein Christ von christlichen Informanten" und systematisierte sie teilweise in Analogie zu christlichen Vorstellungen. Ob sie repräsentativ für die Glaubensinhalte von Snorris heidnischen Vorfahren sind, ist daher fraglich. Um eine „Heidenbibel" handelt es sich bei der Edda jedenfalls definitiv nicht.[86]

Hinzu kommt die Frage der räumlichen Gültigkeit. Selbst wenn die Eddas ungefiltert heidnische Inhalte transportierten, würde das noch lange nicht bedeuten, dass auch die Menschen anderer skandinavischer Regionen, geschweige denn die Jahrhunderte vorher über Europa verstreut lebenden Franken, Sachsen, Goten, Thüringer, Vandalen usw. an diese Inhalte geglaubt hätten. Einen einheitlichen germanischen Kulturraum gab es weder in der „Völkerwanderungszeit" noch später in der Wikingerzeit. Vielmehr sind germanische wie pagane Glaubensvorstellungen und Kulte insgesamt regional überaus vielfältig. Ein Indiz dafür ist die Verteilung von Götternamen in Ortsnamen. Thor, Frey, Njord und Ull sind gleichmäßig über Skandinavien gestreut, während Odin in isländischen Ortsnamen gar nicht, in Ostskandinavien dafür häufiger erscheint (z. B. im dänischen Odense – Odins ø, „Odins Insel"). Die Ursache für diese Uneinheitlichkeit liegt auf der Hand: Im politisch wie religiös dynamischen Norden gab es keine Institutionen, die Glaubensinhalte und Kultausübung systematisierte, autorisierte und über deren Einhaltung wachten.

Die im Metal verbreitete Annahme eines einheitlichen heidnischen Glaubens beruht auf Vorstellungen von einem Heidentum als Gegenkonzept zum Christentum. Über ein geschlossenes und einheitliches christliches Weltbild wacht in diesem Dualismus die universale und von Rom aus gesteuerte Kirche. Durch seine vermeintliche Eindeutigkeit und Einheitlichkeit zieht das Heidentum mit dieser mächtigen Kirche gleich, ohne aber über ein ähnlich mächtiges System zu verfügen. Durch die Vereinheitlichung und Systematisierung der nordischen Mythologie, so wie sie Snorri zuerst vornahm, wird das Heidentum ein Stückchen nach dem Vorbild der neuzeitlichen Kirche gestaltet. So scheint es, dass dem Metal auch durch die Hinwendung zur nordischen Mythologie der Ausstieg aus dem christlichen Gedankenkosmos nicht ganz gelingt.

Für ein treffenderes Bild müsste man den umgekehrten Weg gehen und die frühmittelalterliche Kirche als weniger „christlich" und weniger geschlossen darstellen, als wir sie aus dem 20. Jahrhundert und unserer Gegenwart kennen. Die Glaubenseinheit der Christen ist für das Frühmittelalter eher eine Fiktion oder ein Wunsch der Moderne als Wirklichkeit. Schon weil es keine schnellen Kommunikationswege gab und Informationen über weit von Rom entfernte Regionen entsprechend begrenzt waren, war das Papsttum gezwungen, regionale Ausprägungen des Glaubens hinzunehmen. Dazu gehörte auch, dass heidnische in christliche Vorstellungen integriert wurden (▶ Kap. 11). Eine strengere Ausrichtung auf Rom entwickelte sich erst mit dem Aufkommen des Reformpapsttums im 11. Jahrhundert. Aber selbst zu dieser Zeit war die Kirche im Vergleich zur der des 19. und 20. Jahrhunderts nur lose organisiert.

Natürlich war es nicht erst der Metal, der den Wunsch nach einer einheitlichen germanischen Mythologie und nach Herstellung eines persönlichen Bezugs zwischen Germanen und modernen Menschen hervorgebracht hat. Die Wurzeln der Verbindung von nationaler Identität und Germanentum führen uns ins 15. Jahrhundert. Der aus der Nähe von Siena stammende Enea Silvio Piccolomini, der spätere Papst Pius II., verfasste eine Schrift über das Deutschland seiner Zeit, die *Germania*. Darin unterschied er nicht zwischen antiken Germanen, wie sie im gleichnamigen Werk des römischen Geschichtsschreibers Tacitus zu finden sind, und den Menschen des Heiligen Römischen Reichs seiner Zeit. Diese Gleichsetzung übernahmen die deutschen Humanisten und deuteten die von Piccolomini noch negativ dargestellte germanische Vorgeschichte positiv um. Durch diese „Geburt" des germanischen Altertums war es möglich, dass im 19. Jahrhundert weite Teile des Bürgertums die Germanen als ihre spätantiken und frühmittelalterlichen Vorfahren ansehen konnten. Der Sprach- und Literaturwissenschaftler Jacob Grimm (einer der beiden von *Grimms Märchen*) ordnete angelsächsische wie altnordische Literatur einem großen germanischen Kulturraum zu. Statt räumlich zu differenzieren, vereinnahmte er sie für die deutsche Kultur – immer nach der Gleichung: germanisch = deutsch. „Das Germanische" schlechthin meinte er in der Religion der Germanen zu finden, die in seinen Augen vom fremden Christentum zersetzt worden sei. Anhand der verstreuten Quellen versuchte er, einen Idealzustand germanischer Einheit zu rekonstruieren. Der Grund dafür war ein ganz gegenwärtiger: Das Deutschland seiner Zeit war jener Flickenteppich kleiner und kleinster Herrschaftsgebilde, an den sich vielleicht der ein oder andere noch aus dem Geschichtsunterricht erinnert. „Die" germanische Religion in „dem" germanischen Kulturraum – das Konzept war formuliert.

Im Nationalsozialismus erfuhren die Germanen schließlich eine erhebliche Aufwertung. Man eignete sich archäologisch nachgewiesene Runenzeichen und Symbole an, die Germanen und Wikingern zugeschrieben wurden, und ästhetisierte sie. Dass Runen und der Thorshammer im Metal einen so hohen Stellenwert einnehmen, geht durchaus auf diese Aufwertung zurück, wenngleich auch neuheidnische, germanophile und rassistische Runenlehren aus der Zeit vor dem Zweiten Weltkrieg hierfür eine Rolle spielen. Doch scheint sich die Verwendung der Symbole im Metal von diesem Kontext vollständig gelöst zu haben, sieht man von der Schnittmenge mit der rechtsradikalen Szene ab (z. B. dem NSBM). So gilt der Thorshammer weitgehend als allgemeines Symbol für die germanisch-nordischen Götter oder den Metal an sich. Auf Covern dominieren Abbildungen von Thorshämmern, die archäologischen Funden nachempfunden oder in historisierenden Szenen zu finden sind. Anlehnungen an eine nationalsozialistische Ästhetik gibt es nur in wenigen Ausnahmen. Und das, obwohl deren Verwendung in der Popmusik eine bis in die 1970er Jahre zurückreichende Tradition hat und auch im Metal der Provokation dient.

Eher ist es das 19. Jahrhundert, dessen Wirkungen wir im Metal beobachten können – mal unterschwellig wie in der Verbindung von Germanentum und nationaler Identität, mal offen wie in der Ästhetik: Auf dem Cover zu *Blood Fire Death* greifen Bathory den Mythos der Wilden Jagd auf, demzufolge ein Jäger – Odin, Thor, Sigurd, Satan oder eine andere Sagengestalt – umgeben von Geistern und Hunden über den Himmel streift und Menschen mit sich zieht. Die Band nutzt dafür einen Bildausschnitt von Peter Nicolai Arbos Gemälde *Åsgårdsreien* von 1872, der wiederum – ganz im Stil seiner Zeit – eine Ballade des Norwegers Johan Sebastian Welhavens von 1845 verbildlichte (▶ Abb. 12).

Die angesprochene Konstellation – 19. Jahrhundert, nationale Identität und Mythologie – treffen wir auch außerhalb der germanischen Mythologie an: Ebenfalls im 19. Jahrhundert formte der finnische Schriftsteller Elias Lönnrot aus mündlich überlieferten finnischen Sagen eine Sammlung von Gedichten und Liedern, die zum Nationalepos werden und zur Entstehung einer finnischen nationalen Identität beitragen sollte, die *Kalevala*. Ohne es zu wissen, schuf er die

Abb. 12: Nordische Mythologie durch die Linse des 19. Jahrhunderts: Bathory, *Blood Fire Death*.

Vorlage für Texte zahlreicher finnischer Metalbands. Zum Beispiel übernahmen Amorphis für ihr Album *Tales from the Thousand Lakes* (1994) ins Englische übertragene Ausschnitte aus der *Kalevala*, was laut Gitarrist und damaligem Sänger Tomi Koivusaari für „eine gewisse Poesie" gesorgt habe. Zudem sei die Motivation in der Band, eigene Songtexte zu schreiben, nicht besonders groß gewesen.[87]

Wie das Bürgertum des 19. Jahrhundert befinden bzw. befanden sich viele Metalbands auf der Suche nach ihren historischen Wurzeln.

Es entbehrt nicht einer gewissen Ironie, dass sie dabei auf Ideen derjenigen zurückgreifen, gegen die sich der Protest in den Anfangstagen des Metals oder in der Zweiten Welle des Black Metals gerichtet hatte: das Bürgertum. In dessen Konzept der nationalen Identität, das zu einem erheblichen Teil in der Konstruktion einer nationalen Vergangenheit besteht, kommt der Mythologie eine beutende Rolle zu. Die dadurch entstehenden Parallelen mit rechtsradikalen Geschichtsbildern sind eher die Folge von ähnlichen historischen Bezugspunkten als von geteilten Weltanschauungen. Während die einen die Mythologie lediglich als eine regionale Quelle für metaphorische Texte benutzen, meinen die anderen, die Glaubensvorstellungen ihrer Vorfahren vor sich zu haben. Der Verbindung von Mythologie und nationaler Identität dürfte es schließlich geschuldet sein, dass sich die Bands nahezu ausschließlich mit der vermeintlichen Mythologie ihres jeweiligen Landes beschäftigen. Sicherlich ist die „der anderen" auch spannend, aber eben nicht Teil der „eigenen" Vergangenheit.

Wie bereits anklang, gilt die Mythologie als „ursprünglicher" als das Christentum. Auch das erklärt die große Aufmerksamkeit, wie wir im nächsten Kapitel näher sehen werden.

11
Nicht nur mit Gewalt: Die Christianisierung Skandinaviens

Ein beherrschendes Thema in der Auseinandersetzung des Metals mit mittelalterlichen Religionen ist die Christianisierung. Sie wird als Gewaltmission dargestellt, in der eine neue, fremde Religion die alte, einheimische verdrängt. Das Heidentum befindet sich dabei ausschließlich in der Defensive. Dass die geistigen Wurzeln dieses Blickwinkels im 19. Jahrhundert liegen, haben wir bereits gesehen. Oftmals verbunden mit dieser Darstellung ist auch die Vorhersage oder der Wunsch nach einer Rückkehr des Heidentums.

Die Christianisierung als Gewaltakt

Immer wieder werden die Heiden in Songtexten als Opfer dargestellt. Sie hätten das Christentum nicht aus Überzeugung angenommen, sondern seien mit Gewalt missioniert worden. Ihre Christianisierung sei ein erzwungener Anpassungsakt. Diese Unterlegenheit, sozusagen eine Notwehrsituation, eröffnet viele Szenarien des Kampfes gegen das Christentum, das andererseits wiederum als schwach dargestellt wird. Die Christianisierung erscheint so bei vielen Bands als ein Szenario, in dem ein Großteil der eigentlich „starken" paganen Gesellschaften „Schwächlingen" unterliegt und deren Religion übernimmt. Ein Beispiel dafür ist „Bleed for Ancient Gods" von Amon Amarth (*The Avenger*, 1999). Darin geht es um die Tötung von Christen („Cut our way through hordes of weak Christian flesh") und die Bereitschaft, sein Leben für die heidnischen Götter zu opfern:

War to us is holy
We sacrifice our blood
War to us is holy
We bleed for ancient Gods

Verbunden ist dieses Szenario oftmals mit einer Untergangsromantik. Sie zehrt davon, dass es sich bei den Göttern um „alte" Götter handle und die besungenen Protagonisten zu einer erlesenen Gruppe standhafter Heiden gehören, die sich gegen den Niedergang stemmen. So singen Varg in „Immer treu" (*Ewige Wacht*, 2023):

Wir sind die letzten Heiden
Wir leben aufrecht und frei
Unser Geist ist ungebrochen
Unsere Herzen immer treu

Das Unterlegenheitsszenario wird schließlich mit dem Selbstverständnis der Bands als Nachfahren der in den Texten behandelten Heiden verbunden. Ein Titel wie „The Last With Pagan Blood" (Amon Amarth, *The Avenger*) macht deutlich, dass das Heidentum nicht als Glaubens-, sondern als Abstammungsgemeinschaft verstanden wird. Auch die frühen Behemoth verbinden in „The Dance of the Pagan Slaves" (*From the Pagan Vastlands*, 1994) eine ethnische Komponente mit einer religiösen, wenn von „pagan brothers of our blood" die Rede ist. Wenn aber das Heidentum die an das eigene Blut gebundene Religion ist, kann das Christentum nur fremd sein. Das zeigt zum Beispiel der Song „God, His Son and Holy Whore" von Amon Amarth (*The Avenger*). Das Christentum sei eine fremde Religion aus dem Süden („Serpent tongue speaks to me of a man from southern land"), die als Unterdrückerin bekämpft werden muss („Turn the blade around / Put the oppressors down"). Diese Darstellung der Christianisierung, vielleicht noch garniert mit dem Vorwurf des Verrats an den eigenen Wurzeln, ist im Metal verbreitet.

Meist sind Szenarien dieser Art in Skandinavien angesiedelt, seltener sind sie in südlicheren Gefilden zu finden, wie in „Walhalla Wacht"

(Walhalla wartet) auf dem gleichnamigen Album von Heidevolk. In diesem Song werden die „Sachsenbrüder" dazu aufgerufen, Kirchen anzuzünden und die Franken mitsamt ihrem Gott zu bekämpfen. Die Handlung des Texts ist wohl wie die von „Koning Radboud" in den Sachsenkriegen Karls des Großen anzusiedeln. Die erbitterten Kämpfe zwischen Franken und Sachsen hatten tatsächlich eine starke religiöse Komponente. Die Darstellung der Christianisierung Skandinaviens hingegen als reinen Zwang und Unterdrückung vereinfacht allerdings zu stark. Zwar gab es zahlreiche gewalttätige Episoden der Christianisierung im Frühmittelalter, etwa in Norwegen unter König Olav Tryggvason. Aber es lässt sich bei den wikingerzeitlichen Skandinaviern auch ein sehr undogmatischer Umgang mit Religion ausmachen. Das sieht man sehr gut an in der Metalszene populären Symbolen für das Heidentum.

Religiöser Pragmatismus im frühmittelalterlichen Skandinavien

Runen an sich werden als etwas Heidnisches oder als Zeichen der Natur betrachtet, mit denen die Bands ein exotisches Bild von sich erzeugen können. Zahllose Bandlogos werden in Anlehnung an Runen mit gebrochenen Schäften und Rundungen oder gleich in „richtigen" Runen geschrieben. Dazu kommen zahlreiche Darstellungen von Runensteinen auf Covern.

Ausgerechnet einer der bekanntesten Runensteine, nämlich der von Jelling, zeigt aber, dass die Annahme des Christentums in Dänemark ein Resultat der diplomatischen Annäherung zwischen dem skandinavischen Königreich und seinem südlichen Nachbarn war (▶ Abb. 13). Der Geistliche und Schatzmeister des Kölner Doms Folkmar kam im Jahr 963 auf einer Mission nach Jelling, um durch Verhandlungen eine Einmischung des dänischen Königs Harald Blauzahn in Angelegenheiten des Reichs zu verhindern. Und auch generell sollte Folkmar Beziehungen zu dem relativ neu angetretenen dänischen König aufnehmen. Eine Folge der Verhandlungen war die Errichtung des Runensteins von Jelling, auf dem festgehalten wurde, dass Harald die Dänen zu Christen gemacht habe. Man kann nicht davon ausgehen, dass Harald von Folkmar mit vorgehaltenem Messer zur Annahme des Christentums gezwungen wurde. Er dürfte festgestellt haben, dass er mit dem Herrscher des größeren Nachbarreichs und anderen christlichen Herrschern besser verhandeln konnte, wenn man derselben Religion angehörte. Die verschaffte ihm eine zusätzliche Legitimation. Er und seine Nachfolger konnten ihre Herrschaft nun von Gott ableiten. Das sich in dieser Zeit immer mehr ausbreitende Christentum war neu. König Harald machte mit seinem Runenstein darauf aufmerksam, dass er einer der ersten in Skandinavien war, die es angenommen hatten. Er stellte sich also als fortschrittlich dar.

Ohnehin war das Christentum zu diesem Zeitpunkt auch unterhalb der politischen Ebene längst keine fremde Religion mehr. Die Skandinavier waren durch ihre Handels- und Plünderfahrten mit dem Christentum und seinen Glaubensinhalten in Kontakt gekommen, sodass es auch vor der „offiziellen" Christianisierung bereits christliche Gemeinschaften in Skandinavien gab. Im damals dänischen Haithabu (gegenüber Schleswig gelegen) beispielsweise ist bereits für die Zeit um 850 eine Kirche belegt und eine Kirchenglocke aus dem 10. Jahrhundert gefunden worden. Die Mehrheit der Einwohner wird zu dieser Zeit noch heidnisch gewesen sein, sodass die Kirche möglicherweise für christliche Händler gedacht war, die in das bedeutende Handelszentrum kamen. Das wäre nur ein Zeugnis von vielen für den pragmatischen Umgang im Norden mit der neuen Religion.

Knapp 60 % der bekannten schwedischen Runensteine haben einen christlichen Bezug. Sie enthalten oftmals ein einfaches Gebet wie „Gott stehe ihrer/seiner Seele bei" oder Darstellungen von Kreu-

Abb. 13: In Stein geritzte Christianisierung. Bildseite des großen Runensteins von Jelling (Foto: Roberto Fortuna / Dänisches Nationalmuseum; CC BY-SA 3.0).

zen. Der Runenstein von Dynna in Norwegen (aus der 1. Hälfte des 11. Jahrhunderts) zeigt den Stern der Weihnachtsgeschichte, das Christkind und die Heiligen Drei Könige (▶ Abb. 14). Meist wurden die Runensteine zum Gedenken an Verstorbene an markanten Orten wie Brücken, Straßen oder Furten, für deren Erhalt oder Errichtung zugunsten des Seelenheils der Verstorbenen gespendet wurde, oder auf Friedhöfen errichtet. Die Steine geben keinerlei Anhaltspunkte für Konflikte zwischen „einheimischer" und „importierter"

Religion. Der Religionswechsel scheint auf einer niedrigen Ebene also verhältnismäßig fließend stattgefunden zu haben.

Abb. 14: Christliche Motive auf dem Runenstein von Dynna (Zeichnung: unbekannt).

Die Skandinavier passten sich das Christentum durch die Aufnahme neuer Motive in Verbindung mit einer traditionellen Ästhetik an, sie übersetzten es in ihren Kulturkreis. Der Stein von Jelling beispielsweise zeigt Jesus nicht am Kreuz, sondern nur in Kreuzhaltung und – wie in dieser Zeit üblich – triumphierend, umgeben von typisch skandinavischem Flechtwerk (▶ Abb. 13). Den pragmatischen Umgang der Skandinavier mit dem Christentum beweisen auch zwei weitere Funde. In einer Gussform aus dem dänischen Trendgården konnte man Amulette sowohl in Kreuz- als auch in Thorshammerform gießen (▶ Abb. 15). Für die Handwerker war es offensichtlich rentabel, die Anhänger beider Religionen zu versorgen. Von weltanschaulichen Berührungsängsten keine Spur. Noch deutlicher geht das aus dem zweiten Fund aus Haithabu hervor, einem Thorshammer, auf den ein Kreuz einpunziert, also mit dem Ende eines Metalstabs eingeschlagen wurde. Er ist ein Zeugnis dafür, dass sich Inhalte von beiden Religionen miteinander verbanden.

Abb. 15: Der Kunde hat immer recht: Gussform für Kreuz und Thorshammer aus Trendgården (Foto: Ktp72 via Wikimedia Commons, CC BY-SA 3.0).

Die Furcht vor dem Fremden und die Suche nach dem Ursprünglichen

Die Spuren jener Darstellungen, die einen scharfen Gegensatz zwischen Heiden- und Christentum zeichnen, führen nur teilweise ins Mittelalter. Auch hier stehen wieder die Romantiker des 19. Jahrhunderts im Hintergrund, die auf ihrer Suche nach den nationalen Wurzeln in den heidnischen Völkern und deren Religionen eine historische Grundierung für die neu entstehenden Nationalstaaten suchten. Über den „Volksgeist" wähnten sie sich mit den Vorfahren verbunden. Und fremde Einflüsse, befürchtete man, könnten diesen „Volksgeist" verwässern. Ähnlich wird das Christentum im Metal – allerdings ohne sich auf den „Volksgeist" zu berufen – als fremdartige Gefahr dargestellt. Diese Parallele tritt offen zutage, wenn sich die politisch eher unverdächtigen Enslaved mit bedrohten indigenen Bevölkerungen gleichsetzen oder wenn Burzum, das Einmannprojekt des Neonazis Kristian Vikernes, den Verlust der heidnischen Religion beklagt.[88] Vernachlässigt wird dabei oft die Tatsache, dass der Glaubenswechsel, sogar der gewaltsame, oftmals nicht von außen auferlegt, sondern von den Herrschern der jeweiligen Reiche betrieben wurde. Die Stigmatisierung des Christentums als fremde Religion ist daher auch eine Bewältigungsstrategie dafür, dass es eigentlich die „eigenen" Leute waren, die oft freiwillig die „fremde" Religion angenommen und sogar gefördert haben.

Ein zusätzliches Gefühl der Ursprünglichkeit vermittelt das Heidentum durch das ihm zugeschriebene Attribut der Naturnähe. Deshalb besingen Black-, Viking- und Pagan-Metal-Bands nordische Landschaften, Naturgewalten, besonders die Unwirtlichkeit des kalten Nordens, der angeblich nur die starken Wikinger trotzen konnten. Die Konsequenz daraus ist eine visuelle Ästhetik in Musikvideos, auf Covern und Bandfotos, die von Natur-, Fackel- und Lagerfeuerromantik geprägt ist. Wenn es nur um das Heidentum ginge, könnten Bands auch die Kultausübung der Germanen aufgreifen, die in den römischen Provinzen wohnten. Doch offenbar vermittelt es nicht dasselbe Gefühl von Ursprünglichkeit, Wodan an einem Weihealtar in der städtischen Metropole Köln ein Opfer darzubringen. Da geht man doch lieber in Lederklamotte à la *Vikings*, mit Gesichtsbemalung und Fackel nachts in den tiefen Wald und prostet einem Baum zu. Die heidnische Götterverehrung in den römischen Provinzen wäre zudem natürlich vom „fremden" römischen Glauben beeinflusst und würde nicht zuletzt durch die Verwendung von Latein zu sehr an die (ebenfalls von römischen Kulten geprägten) christlichen Praktiken erinnern.

Ursprünglichkeit und Naturverbundenheit hätten da noch eher das Volk der Samen im Angebot, da sie bereits vor den „germanischen" Skandinaviern da waren. Allerdings wurde ihre Kultur im Verlauf der Wikingerzeit immer weiter in den Norden zurückgedrängt. Die „Fremden" aus dem Süden wären hier also diejenigen, als deren Nachfahren sich viele Metalbands heute sehen. So gilt wohl auch für Viking und Pagan Metal, was wir schon für den Power Metal festgestellt haben: eigentlich will keiner zu den „Bösen" gehören. Den meisten Bands dürfte es somit nicht wirklich um die Suche nach dem „Ursprünglichsten" gehen. Vielmehr suchen sie nach historischen Bezugspunkten für etwas, was für sie bereits feststeht: ihre kulturelle, schlimmstenfalls ethnische Verortung im nordisch-germanischen Kulturraum. Dazu passt, dass einzig die Finnen von Turisas den Widerschein eines religiösen Pragmatismus erahnen lassen. In „The March of the Varangian Guard" (*Stand Up and Fight*, 2011) geht es um die Warägergarde des byzantinischen Kaisers – eine Leibgarde, die anfangs aus skandinavischen Söldnern bestand. Turisas singen:

There's men of the cross and the hammer
A few of the moon crescent
[...] Diversity is what unites us.

Eine finnische Band dürfte das nordisch-germanische Heidentum ohnehin nicht als „eigene" Mythologie ansehen und so auch die

Auseinandersetzung der Wikinger mit dem Christentum weniger verbissen sehen. Denn so wenig, wie Finnisch eine skandinavische Sprache ist (es handelt sich um eine finno-ugrische), hat Finnland eine skandinavische Kultur. Wenn finnische Bands über die Religion „ihrer" Vorfahren singen wollen, dürften sie wohl eher – wie Amorphis – auf die *Kalevala* zurückgreifen. Wenn dagegen die Schweden von Amon Amarth über die Waräger singen (in „Varyags of Miklagaard" auf *Twilight of the Thunder God*, 2008) blenden sie die religiöse Komponente, das gemeinsame Handeln von Christen und Heiden in Byzanz, vollständig aus und fixieren sich ganz auf die Treue der Waräger gegenüber dem Kaiser.

Aber auch wenn der Gegensatz zwischen Christentum und Heidentum weitgehend konstruiert sein dürfte, bietet er doch künstlerische Möglichkeiten für spannende und unterhaltsame Texte: Schlachthymnen, Verfluchungen, Rachegeschichten, die exotische Darstellung paganer Religionen usw. Die Wikinger und ihre Mythologie passen einfach zu gut in die Welt des Metal, da sie „große" skandinavische Geschichte repräsentieren und zugleich für Unangepasstheit und Wildheit stehen.

Zum Schluss dieses Kapitels lässt sich also festhalten, dass viele Bands heute sehr viel stärker dazu neigen, Grenzen zwischen den Religionen zu ziehen, als die Menschen im Mittelalter. Die Trennung zwischen Heiden und Christen entspringt oftmals einer künstlerischen Absicht, einer weltanschaulichen Position oder dem Aufgreifen deutlich jüngerer Geschichtsdarstellungen des 19. Jahrhunderts. Ob den Bands klar ist, dass sie ein zumindest stark vereinfachendes Geschichtsbild (re-)produzieren, und ob sie vielleicht sogar bewusst Anachronismen in ihren Songs platzieren, lässt sich nicht vollends klären. Vielleicht ist das aber auch nebensächlich, denn „Wir-gegen-die"-Erzählungen sind stets fesselnd und episch. Und letztendlich wollen die Bands allen stärker aufgeladenen Bekundungen zum Trotz vor allem eins: ihr Publikum gut unterhalten.

12 Moderne Gesellschaft im mittelalterlichen Gewand

Populäre Mittelalterdarstellungen sind immer auch Waren, deren Produktionskosten durch ausreichend hohe Besucher-, Verkaufs- oder Streamingzahlen wieder hereingeholt werden müssen. Damit die Kundschaft eifrig konsumiert, braucht sie Identifikationsfiguren, die ihr Interesse am Werk wecken und sie an es binden. Womit identifiziert man sich mehr als mit sich selbst? So stecken (Drehbuch-) Autoren, Gamedesignerinnen und Co. moderne Menschen in mittelalterliche Verkleidung. Diesen mittelalterlich-modernen Mischmenschen konfrontieren sie dann mit einer mittelalterlich-rückständigen Welt voller Hindernisse.

Sehr populär und anschaulich ist dieses Szenario bei Frauendarstellungen. Besonders in historischen Romanen haben sich Protagonistinnen etabliert (z. B. *Die Wanderhure* oder *Die Pilgerin* von Iny Lorentz), die sich als starke Frauen ihren Weg durch eine frauenfeindliche, gewalttätige und finstere Welt bahnen. Dabei verkörpern sie die Werte der modernen Gesellschaft – Selbstbestimmung, Emanzipation, Gleichberechtigung – und können sie nach Überwindung aller Hindernisse zumindest in ihrem Umfeld durchsetzen. Durch düster gezeichnete Umgebungen leuchten die Protagonistinnen umso heller. Aber auch Ragnar Lodbrok in der TV-Serie *Vikings* wird als Visionär dargestellt, der durch seinen Entdeckergeist für eine Neuausrichtung der Wikingerzüge sorgt. Fremdelnd mit seiner Religion, ähnelt er eher einem modernen Agnostiker als einem mittelalterlichen Menschen. In Auseinandersetzungen mit einer unverständigen Umwelt wähnen wir uns alle einmal. Die anderen wollen einfach nicht so, wie man selbst will, obwohl man es doch besser weiß. Daraus erklären sich die Beliebtheit und der Erfolg derartiger

Szenarien, die durch das größtmögliche Spannungsverhältnis zwischen ihren Protagonistinnen und Protagonisten die Entwicklung einer konfliktreichen und dadurch spannenden Geschichte ermöglichen.

Dahinter muss nicht zwingend wirtschaftliches Kalkül stecken, wie die Aussage des Bestsellerautors Ken Follett über mittelalterliche Menschen zeigt. Wie der Sänger von Amon Amarth, Johann Hegg (▶ Kap. 10), ist Follett überzeugt, dass die Menschen des Mittelalters „von denselben Leidenschaften wie wir getrieben" gewesen seien. So mache es den Reiz der „mittelalterlichen" Figuren aus, dass wir uns sofort in ihre Probleme, Sorgen und Beweggründe einfühlen könnten.[89] In mancherlei Hinsicht mag das zutreffen. Menschen meiden Schmerz und Hunger, sie empfinden Trauer in der Regel als negativ. Darüber hinaus allerdings unterliegt das menschliche Handeln sich wandelnden Rahmenbedingungen, Weltbildern, Religionen, individuellen Faktoren und vielem mehr. Der Blick auf aktuelle gesellschaftliche Debatten offenbart, dass nicht einmal die Menschen der Gegenwart von „denselben Leidenschaften" angetrieben werden. Wenn Sie mit älteren Menschen reden, die nur wenige Generationen vor Ihnen geboren wurden, zum Beispiel Ihren Eltern, werden Sie unweigerlich auf Themen stoßen, bei denen Ihre Standpunkte nicht wegen Eltern-Kind-Animositäten sondern wegen zeitspezifisch verschieden geprägter Sichtweisen auseinander gehen. Wie könnten wir also annehmen, ausgerechnet Menschen intuitiv zu verstehen, die vor mindestens 500 Jahren lebten? Wenn überhaupt geht das nicht ohne Untersuchungen, die in der Regel mit einigem Aufwand und Spezialwissen von den mediävistischen Wissenschaften durchgeführt werden. Das ist weit weg von aller Unterhaltung. Deshalb überzeichnen populäre Darstellungen bestimmte gesellschaftliche und menschliche Aspekte oft grell oder lassen sie aus, falls die Gefahr besteht, dass sie ein modernes Publikum irritieren oder wir sie uns ohne Hintergrundwissen nicht erschließen könnten.

Hintergrund: Die mittelalterliche Ständegesellschaft

Zu diesen Aspekten zählt die Vorstellung von einer Dreiteilung der mittelalterlichen Ständegesellschaft, wie sie in Abbildung 16 dargestellt ist. Auf dem Holzschnitt aus dem 15. Jahrhundert sehen Sie in der Mitte Jesus, erkennbar an seinen Wundmalen, der drei Personengruppen ihren Platz in der göttlichen Ordnung zuweist. Zu seiner Rechten befielt er dem Papst (erkennbar an der Tiara, der dreifachen Krone) und den Geistlichen: „Du bete demütig!", den Adligen (erkennbar an Krone und Szepter): „Du beschütze!" und den unten den Boden bearbeitenden Bauern: „Und du arbeite!" Demnach sind die Menschen zwar ungleich, jeder Stand trägt aber seinen Teil zum Ganzen bei. Der eine sorgt für den Lebensunterhalt, der andere verteidigt die Heimat vor Feinden und der dritte kümmert sich um das Seelenheil aller. Mit der Zugehörigkeit zu einem Stand verbunden waren bestimmte Verhaltensweisen und Ideale. Besonders die Ideale des Rittertums (Maß, Ehre, Milde, Minne usw.) sind bis heute für viele Menschen aktuell – wenn auch losgelöst von ihren historischen Entstehungsbedingungen. In den mittelalterlichen Vorstellungen von der Gesellschaft hat jeder Stand durch seine Aufgabe eine Daseinsberechtigung und ist abhängig von den beiden anderen. Dadurch herrscht Frieden, den ein Überschreiten der Standesgrenzen gefährden würde.

Vom Himmel war die Dreiteilung aber nicht gefallen. Bereits in der Antike gab es ähnliche Vorstellungen. Und im Mittelalter vor dem Jahr 1000 unterschied man noch vorwiegend zwischen zwei Gruppen: Betenden und Kämpfenden. Die gesellschaftlich hochstehenden Personen im Frankenreich der Karolingerzeit oder in Skandinavien waren meist Bauern und Krieger zugleich. Erst im Verlauf des Frühmittelalters entstanden schließlich ein „Berufskriegertum", das sich zum Rittertum weiterentwickelte, und der Bauernstand. Aus einer Zweiteilung wurde eine Dreiteilung.

Abb. 16: Die Ständegesellschaft, wie sie der spätmittelalterliche Astrologe Johannes Lichtenberger veranschaulichte (1488).

Schön aufgeräumt wirkt sie, die mittelalterliche Gesellschaft. Das dürfte ein Grund sein, warum das Mittelalter den einen als zutiefst von starken gesellschaftlichen Hindernissen und Gegensätzen geprägt gilt, den anderen als übersichtlicher Gegenpol zu einer komplizierten Gegenwart. Für zu aufgeräumt, um wahr zu sein, hielt die Forschung das Schema bisweilen und tat es als Fiktion, Ideal oder grob vereinfachend ab. Allerdings geht es nicht um eine soziologische Studie, die bis ins kleinste Detail alle gesellschaftlichen Gruppen und deren Hierarchie erfassen will. Das Schema soll lediglich die gesellschaftlichen Verhältnisse im Groben beschreiben und deuten, sie nach mittelalterlichem Verständnis auf ihren Urheber (Gott) zurückführen. Daher wäre es ein Fehlschluss, die Platzierung der Bauern im unteren Teil der Abbildung als Indiz für ihr geringes Ansehen oder gar ihre Unterdrückung zu deuten. Es gab zahlreiche Personen, die zu keinem Stand gehörten – je nach Zeitraum und Region beispielsweise Sklaven, Unfreie oder Halbfreie –, und diese genossen ein deutlich geringeres Ansehen als Bauern. Auch konnte ein armer Adeliger schlechter dastehen als ein reicher Bauer.

Bedenkt man, dass der mit Abstand größte Teil der mittelalterlichen Bevölkerung auf dem Land lebte und arbeitete, ist es doch überraschend, dass Bauern im Metal und Mittelalterrock kaum eine Rolle spielen. Lediglich die weniger bekannte Mittelalterrockband Schattentantz widmete dem „Bauernknecht" (*Galgenfrist*, 2001) ein Lied, das dessen gesundes Leben auf dem Land dem des arroganten, saufenden und deswegen kranken Adeligen gegenüberstellt. Diesen Gegensatz zeichnet die Band nicht nur als Stadt-Land-Gegensatz sondern auch als einen der Stände. Doch ist das Verhältnis der Stände nach mittelalterlichen Vorstellungen kaum als Gegensatz, sondern gegenseitige Ergänzung anzusehen. So scheint solchen Darstellungen eine Gleichsetzung von mittelalterlichem Stand und neuzeitlicher Klasse zugrunde zu liegen. Die Bauern sind nicht die einzige Personengruppe, die im Metal und im Mittelalterrock fehlen. Auch das für unser Gesellschaftsverständnis zentrale Bürgertum wird nicht aufgegriffen, das im Verlaufe des Mittelalters in die Dreiteilung integriert wurde – zum Beispiel zusammengefasst mit Bauern und Handwerkern in einem Stand.

Während in den meisten Metal-Subgenres der Fokus auf den kämpfenden Stand gelegt wird, legen die Bands des Mittelalterrocks gerne einen Schwerpunkt auf Gruppen, die wir heute als marginalisiert bezeichnen würden: religiöse und ethnische Minderheiten (People of Color, Juden und Muslime, Sinti und Roma), aber auch die „unehrlichen", von der mittelalterlichen Gesellschaft als ehrlos angesehenen Leute wie Henker, Prostituierte oder Spielleute.

Rock 'n' Roll-Lifestyle im Mittelalter und heute: die Spielleute

Besonders Spielleute haben es dem Mittelalterrock angetan. Der langjährige Dudelsackspieler von In Extremo, Boris Pfeiffer („Yellow Pfeiffer"), sieht in ihnen „Vertreter des Heidentums", die durch die Kirche stigmatisiert worden seien. Zudem habe es ein „Gesetz aus dem achten Jahrhundert" gegeben, das den Spielmann „für vogelfrei erklärt und mit Tieren gleichgesetzt" habe.[90] Das mag übertrieben sein, tatsächlich aber war der Ruf der mittelalterlichen Spielleute nicht der beste. Kirchliche Autoritäten sahen in ihnen Handlanger des Teufels, die die Menschen zu unsittlichem Handeln verführen, und weltliche Autoritäten zwangen das ungebildete „fahrende Volk" zum Tragen auffälliger Kleidung und Frisuren, um sie besser erkennen zu können. Einheimische standen Spielleuten skeptisch gegenüber, auch wenn man für die Ausrichtung von Festen auf sie angewiesen war. Ihrem Dasein am Rande der Gesellschaft konnten Spielleute entkommen, wenn sie an einem Hof oder in einer Stadt als sesshafte Musiker engagiert wurden. Die Aufstiegsmöglichkeiten spielen für das Bild der Mittelalterrockbands aber kaum eine Rolle, ebenso wenig die Tatsache, dass manche Städte wie Köln eine entspannte Spielleute-Politik betrieben.

In den Spielleuten scheinen die Bands ihr mittelalterliches Pendant zu sehen. Dabei projizieren sie einen Rock-'n'-Roll-Lifestyle auf die Vergangenheit: Der „Spielmann" (*Mein rasend Herz*, 2005) ist für In Extremo ein rauer Typ mit Frauengeschichten und Fernweh, der sich ziellos durchs Leben treiben lässt und an seinem Lifestyle festhält. Schandmauls „Der Spielmann" (*Wahre Helden*, 1999) ist ein einsamer und wollüstiger Wolf, der die Liebe nicht finden soll. „Ein wahrer Spielmann" (*Weiße Nächte*, 2011) gibt sich Tanzwut zufolge ganz Alkohol, Tanz, Musik und Frauen hin; ganz ähnlich auch der von Saltatio Mortis in „Spielmannsschwur" (*Aus der Asche*, 2007). Dessen Text ist jedoch schlecht gealtert, wenn es um das Alter der

Gespielinnen der Spielleute geht: „Die Frau, die uns hält / Ist noch nicht geborn". Etwas sozialkritischer wird die Band in „Der letzte Spielmann" (*Sturm aufs Paradies*, 2011), in der die Verlogenheit der Gesellschaft beklagt wird. Für Ignis Fatuu („Spielmann", *Es werde Licht*, 2009) ist sein Lebensentwurf eine Absage an Macht, Ruhm, Reichtum und Besitz. Dieser Entwurf wird im „Spielmannslied" von Subway to Sally (*Nackt II*, 2010) romantisiert, wenn der arme Protagonist nichts anderes schenken kann als eine Melodie. Im „Spielmannsfluch" von In Extremo (*Verehrt und angespien*, 1999) dagegen steht der Spielmann nicht ganz ohnmächtig da, sondern rächt sich immerhin an einem König. Der Grat zwischen historischem Vorbild, dessen Romantisierung und abgedroschenem Klischee ist schmal, was Bands der Szene als Aufhänger für Parodien nutzen. Feuerschwanz verlautbaren „Wir lieben Dudelsack – Spielmann sein ist geil!" („Wir lieben Dudelsack", *Wunsch ist Wunsch*, 2011) und J.B.O. verballhornen auf einer Bonus-CD zu *Für immer frei* von Saltatio Mortis deren Text, indem sie dichten („Dem Spielmann sein Schwur", *Für immer frei/Aus fremden Federn*, 2020):

Wir sind wie der Wind
Man riecht uns von fern
Frei und wild
Nur man selbst riecht es gern

Neben der ähnlichen Tätigkeit – Spielleute und Bands machen Musik – dürfte es weitere Gründe dafür geben, dass sich diese Figur im Mittelalterrock so großer Beliebtheit erfreut. Die genreprägenden In Extremo beispielsweise haben ihre Wurzeln in der Mittelalterszene, wo sich die Marktmusikerinnen und -musiker durchweg als Spielleute bezeichnen und teilweise von Tanz oder Akrobatik begleitet werden. Ähnlich hat man im Mittelalter unter dem Begriff „Spielleute" verschiedene Unterhaltungskünstler zusammengefasst. So haben auch manche Mittelalterrockbands Tänzerinnen auf der Bühne oder spucken Feuer. Die Selbstidentifikation mit den Spielleuten zeigt sich auch an der Verwendung sprechender, mittelalterlich anmutender Namen, wie beispielsweise im Fall von Saltatio Mortis „Alea der Bescheidene" oder „Lasterbalk der Lästerliche". Feuerschwanz ziehen das mit Bezeichnungen wie „Johanna von der Vögelweide" ins Lächerliche. Zudem dürften sich In Extremo in Außenseitern auch deshalb wiedererkennen, weil einzelne Bandmitglieder in der DDR Ausgrenzungserfahrungen gemacht haben. Auch noch nach dem Erfolg des ersten Albums 1998 wurden die Videos der Band vom damals für das Marketing wichtigen Fernsehsender MTV nicht ausgestrahlt. Trotz guter Verkaufszahlen war die Band dementsprechend ein medialer Außenseiter.[91]

Wie im Metal meinen auch Musikerinnen und Musiker anderer Genres, ihre Pendants in den mittelalterlichen Spielleuten gefunden zu haben. Interessant ist, dass sie ein ganz ähnliches Bild von diesen haben. Rolf Zuckowskis Selbstdarstellung als Spielmann („Der Spielmann", *Du brauchst ein Lied*, 1994) ist vom Freiheitsgedanken und der Treue zu sich selbst geprägt:

Bin auf meiner Spur geblieben
Wenn der Weg auch dann und wann in eine neue Richtung geht
Mich festzuhalten hätte keinen Sinn
Ich änd're mich und bleibe wie ich bin

Die Treue zu sich selbst und eine Absage an die Macht („Ich will, sagt' ich, kein Amt, keine Macht, keine Dividenden / Keinen Ministerthron, ich will ein Spielmann sein!") sind die Charakteristika des Spielmanns bei Reinhard Mey („Spielmann", *dann mach's gut*, 2013). Und Konstantin Wecker parodiert in „Der Spielmann" (*Die sadopoetischen Gesänge des Konstantin Wecker*, 1973) Kunstlied und Minnesang mit abgedroschenen Metaphern für Sex. Beispiel gefällig? „Wärst du 'ne Orgel, ich orgelte dich". Ein bisschen Rock 'n' Roll darf es dann doch sein. Das Bild der armen Außenseiter finden wir schon in der Literatur und in der klassischen Musik des 19. Jahrhunderts – man denke an Robert Schumanns „Der Spielmann" (*Fünf Lieder*, Op. 40, No. 4, 1840) oder an Franz Grillparzers Roman *Der arme*

Spielmann (1848). Hier fehlt allerdings der Aspekt der Selbstidentifikation. Die Darstellungen der Spielleute von Mittelalterrockbands und Liedermachern sind also daher so ähnlich, weil sie allgemein verbreitete Bilder, fast schon Klischees aufgreifen.

Seltener identifizieren sich Bands mit höfischen oder gar adeligen Sängern. Nur Subway to Sally thematisieren in „Minne" (*Hochzeit*, 1999) ganz im Sinne der gleichnamigen mittelalterlichen Lyrik die unerreichbare Liebe zu einer höherstehenden Frau. Eher noch geht es um eine andere Gruppe, die als arme Außenseiter gilt: die Vaganten. Nach älteren wissenschaftlichen und verbreiteten populären Vorstellungen waren das umherziehende Geistliche, die sich teilweise als Musiker verdingen mussten. Tatsächlich aber handelt es sich bei den namentlich identifizierbaren Verfassern unter den „Vaganten" durchweg um hochstehende Personen, die Tätigkeiten in Kanzleien und Höfen ausübten.

Im Mittelalterrock dienen die Vaganten dennoch wie die Spielleute als Synonym für armes Außenseitertum in Verbindung mit einem wilden Leben, zum Beispiel in In Extremos „Merseburger Zaubersprüche" (*Verehrt und angespien*, 1999):

Hört von den sieben Vaganten
die ihr Glück in der Hölle fanden
Behangen mit Fetzen und Schellen
Die so laut wie Hunde bellen

Teilweise vermischt sich dieses Image noch mit dem gewalttätiger Outlaws: „Sie huren, rauben, saufen / weil das so gut gefällt!" (Feuerschwanz, „Vaganten", *Met & Miezen*, 2007). Spätestens dann scheinen eher moderne Vorstellungen von „Vagabunden" zugrunde zu liegen, Menschen, die sich zwar ebenfalls herumtreiben wie der glücklose Vagabund Subway to Sallys („Der Vagabund", *Foppt den Dämon!*, 1996), aber auch öfters mit Verbrechen in Verbindung gebracht werden. Wenn Vogelfrey in „6 Vaganten" (*Zwölf Schrit-*

te zum Strick, 2012) über im Wald hausende Räuber singen, die den „Pakt der Geächteten" geschlossen hätten, zu denen auch ein Edelmann und eine Frau aus besserem Hause gehören, erinnert das weniger an umherziehende Geistliche als an Robin Hood und Maid Marian, wie wir sie u. a. aus dem Filmklassiker *Robin Hood – König der Vagabunden* (1938) und vielen anderen Verfilmungen kennen.

Fundamentalopposition gegen „die da oben"

Wenn die Mittelalterrockbands über das gängige Personal von Spielleuten, Räubern, Hexen, Vogelfreien, Henkern und Co. hinausschauen, dann vor allem für gesellschaftskritische Rundumschläge. In Saltatio Mortis' „Heuchler" (*Das zweite Gesicht*, 2002) bekommen verschiedene Stände ihr Fett weg. Der Klerus wird für Habgier und Scheinheiligkeit kritisiert (in „Mea Culpa" auf demselben Album zudem für Lüge), der Adel für Unterdrückung und die Handwerker für Betrug. Dabei wird aus der Perspektive von unten gegen „die da oben" Position bezogen. Deutlich ist das auch in „Keines Herren Knecht" (*Des Königs Henker*, 2005), in dem es heißt:

Wir folgen keinem Meister
Beugen uns vor keinem Recht
Wir pfeifen auf die Pfaffen
Wir sind keines Herren Knecht

Zwar wurden im Mittelalter durchaus einzelne Adlige oder Geistliche für ihr Fehlverhalten kritisiert, es gab jedoch keine Fundamentalkritik am ständischen Aufbau der mittelalterlichen Gesellschaft. In den Zeilen von Saltatio Mortis kann man erneut die ebenso verbreitete wie falsche Gleichsetzung von Stand und Klasse lesen, die dem Text einen Hauch von Klassenkampf verleiht, weil das „Wir" seine Unterdrückung durch die höheren Klassen nicht akzeptieren will. Auch diesem Song liegen Vorstellungen von Freiheit zugrunde, die wir im Mittelalter nicht finden und die eher dem Konzept bürgerlicher Freiheit des 19. und 20. Jahrhunderts entsprechen (► Kap. 8). Dabei gab es durchaus Konflikte, die sich aus moderner Perspektive leicht als Kampf um Teilhabe, Mit- oder Selbstbestimmung erzählen ließen – etwa im Bereich der mittelalterlichen Stadtgeschichte. Die Entstehung der Gemeinden im Hochmittelalter wäre so ein Themenkomplex. Allerdings trat hier oft der Kaiser als Garant städtischer Freiheiten auf, was schlecht zum Narrativ von „Wir gegen die da oben" passt. Ebenso wenig passt dazu übrigens, dass die Gruppe der Bürger die Verwaltung der Städte über die Köpfe weiter Teile der städtischen Bevölkerung hinweg organisierte.

So gut wie alle Stände werden in „Macht und Dummheit" von In Extremo (*Mein rasend Herz*, 2005) erwähnt. Der Protagonist präsentiert sich als alt, weise und weit herumgekommen; alles schon gesehen, alles schon erlebt. Als Narr habe er „Spott und Zwietracht gesät" und „als Priester um Erlösung gefleht". Von diesem Standpunkt aus holt er zu einem Rundumschlag aus. Die Stände lehnt er ab („Lang schon bin ich auf der Welt / als dass mir jeder Stand gefällt") und verkehrt das mittelalterliche Weltbild in sein Gegenteil. Im Himmel würden die Menschen „rösten" und „in der Hölle ist das Paradies", die Botschaft der Geistlichen sei eine Lüge. Gegen den Adel richtet sich der Vorwurf einer ungleichen Verteilung von Eigentum („Der König frisst, der Bettler hungert"). Drei menschliche Eigenschaften sorgen dafür, dass sich an den gesellschaftlichen Zuständen nichts ändert: Ergebenheit trägt das falsche Weltbild, Dummheit sorgt dafür, dass Lügen im Spiel der Macht geglaubt werden, und Stumpfsinn, gemeint ist blinder Gehorsam, ist die Stütze der Herrschaft.

Jetzt wollen wir das lyrische Ich beim Wort nehmen: Wir sollen ihm vertrauen, weil es aus langer Lebenserfahrung Weisheit erlangt habe. Es ist dieser Erfahrungsvorsprung, der dazu berechtigt, alle anderen als „dumm" abzustempeln. Der Song ist also ein Paradebeispiel für die eingangs zu diesem Kapitel erwähnte Darstellungsform: Protagonist schlau und aufgeklärt, alle anderen blöde. Die Aussage, der Protagonist sei Narr und Priester gewesen, sollte uns jedoch misstrauisch stimmen. Ein Wechsel zwischen diesen beiden „Berufszweigen" war so gut wie unmöglich.

Mit der Einführung des Narren aber machen In Extremo einen interessanten Schachzug. Der Narr war eine der wenigen Personen, die einen Herrscher kritisieren durften. Entsprechend kamen Narrenfiguren auch in der Literatur zum Einsatz, um Kritik zu äußern. Mit dem heute von Fastnacht, Fasching und Karneval bekannten Narren und Jecken hatten die mittelalterlichen Narren wenig zu tun. Als Narren galten alle, die in ihrem Verhalten von der Gesellschaft abwichen, die christliche Heilslehre nicht gelten lassen wollten, kognitiv beeinträchtigt oder körperlich behindert waren. Auf diesen Aspekt nehmen allein Subway to Sally Bezug, wenn sich „Der Hofnarr" (*Foppt den Dämon!*, 1996) auf grausame wie beklemmende Art selbst als „Witz aus Menschenfleisch" beschreibt, auf dessen Kosten sich, im wahrsten Sinne des Wortes, Gott und die Welt amüsieren:

Ich bin der Spaß, den Gott sich macht,
die Missgeburt, die immer grinst,
mein Buckel bringt den Menschen Glück,
deswegen dieses Lachen.

Die Narren an den Höfen sollten die Herrscher an ihre Vergänglichkeit erinnern. Sie waren also ursprünglich Mahner und entwickelten sich erst gegen Ende des Mittelalters auch zu Spaßmachern. Dargestellt wurde der Narr zunächst mit Keule (als Pendant zum Szepter), später im 14. Jahrhundert mit Stab und darauf platziertem Kopf, der Marotte, die wiederum durch einen Spiegel ersetzt wurde. Letzterer symbolisierte Selbstverliebtheit, die die christliche Nächstenliebe ausschloss. Seine charakteristische Kopfbedeckung, die Narrenkappe mit Eselsohren, erhielt der Narr ebenfalls im 14. Jahrhundert. Davor wurde er eher mit kahlem Kopf oder einer Verballhornung der Mönchsfrisur dargestellt. Die meisten Lieder in Metal und Mittelalterrock, die das Motiv des Narren aufgreifen, zeichnen ihn – ähnlich den Spielleuten – als Außenseiter, der von der Gesellschaft weder ernst genommen noch akzeptiert wird, obwohl eigentlich er der Schlaue ist. So hat der „Der Hofnarr" Schandmauls (*Narrenkönig*, 2002) einige unentbehrliche menschliche Qualitäten, die ihm schließlich doch Anerkennung verschaffen und ihn zum Helden werden lassen. Um Anerkennung sorgt sich der in „Lebensweg" von Saltatio Mortis (*Wachstum über alles*, 2013) beschriebene Narr nicht. Er verbiegt sich unter keinen Umständen und bleibt sich treu. Das Eselsohr der Narrenkappe schließlich wird zum Ehrenabzeichen in einem Text über den bekanntesten Narren des Mittelalters, Till Eulenspiegel („Eulenspiegel, Narrenkaiser / Trage stolz mein Eselsohr" – „Eulenspiegel", *Sturm aufs Paradies*, 2011).

In „Macht und Dummheit" von In Extremo stellt die Figur des Narren jedoch eine unmittelbare Verbindung zwischen spätmittelalterlicher Gesellschaftskritik und der im Mittelalterrock geäußerten her. Ein Beispiel für erstere ist das *Narrenschiff* (1494) des Straßburger Juraprofessors Sebastian Brant. Brant äußert Kritik in Form von zahlreichen Portraits von Narren, die sich gemeinsam auf die Reise nach Narragonien begeben. Im Buch bekommen die Angehörigen so gut wie aller Stände und Schichten ihr Fett weg – ganz wie bei In Extremo und anderen Vertretern des Mittelalterrocks. Doch während die moderne Kritik Klassengegensätze meint und Religion meist als Werkzeug zur Unterdrückung der niederen Stände darstellt, ist die Zielrichtung von Sebastian Brant eine andere. Das sehen wir an zwei Abbildungen (▶ Abb. 17). Die erste zeigt den Aufbruch der Narren mit dem Schiff zu ihrer Reise. Das Schiff ist eine pervertierte Metapher auf die Kirche, deren Personal mit der ausschließlich aus Narren bestehenden Schiffsbesatzung gleichgesetzt wird. Und nicht nur der Klerus, die gesamte Gesellschaft habe sich von der christlichen Lehre abgewandt. Der agnostischen, atheistischen oder gar satanischen Religionskritik des Metal stünde Brant also mit Befremden gegenüber. Das zeigt der Text der zweiten Abbildung „vom wider gott reden" deutlich. Darin warnt Brant davor, Gott nach dem eigenen Willen zu gestalten. Das sei genauso sinnvoll wie zu versuchen, die Sonne durch ein Feuer zu steuern. Kritisiert wird also die „falsche" Glaubensauslegung mit dem Ziel, die „wahre" wieder in den Mittelpunkt zu rücken, sie wieder zum Leitfaden menschlichen Handelns zu machen und die christliche Ordnung wiederherzustellen.

Abb. 17: Links: Der Aufbruch der Narren in Sebastian Brants *Narrenschiff*; rechts: Ein Feuer machen, um die Sonne zu steuern? Für Sebastian Brant keine gute Idee (beide Public Domain, Vorlagen: SLUB Dresden).

Die Fremdheit dieser mittelalterlichen Gesellschaftskritik erklärt, warum „Das Narrenschiff" von In Extremo (*Kompass zur Sonne*, 2020) lediglich ein grotesk-chaotisches Bild von einer Schifffahrt zeichnet. Ein religiös motiviertes, zielgerichtetes gesellschaftskritisches Moment ist nicht erkennbar, ebenso wenig im gleichnamigen Lied von Reinhard Mey (*Flaschenpost*, 1998). Entweder haben diese modernen Vertonungen den Kern von Brants Kritik übersehen oder ihn bewusst ausgespart. Mit Brants Plädoyer für den wahren Glauben dürften die wenigsten Menschen der Gegenwart etwas anfangen können. Zwar hätte in den Adaptionen eine andere Ideologie dem Schiff die Fahrtrichtung verleihen können. Aber es dürfte keine geben, die das Publikum so sehr vereint, wie es die christliche Religion im Mittelalter tat. Vermutlich ist das der Grund, warum dieser zentrale Aspekt bei den Vertonungen des *Narrenschiffs* unter den Tisch fiel.

Die Gesellschaftskritik im Mittelalterrock mutet daher zwar durch die Verwendung entsprechender Bilder und Figuren mittelalterlich an, geht in ihrem Wesen und ihren Kernaussagen aber schnurstracks an historischen Vorstellungen und Verhältnissen vorbei. Und das scheint volle Absicht zu sein. So prangert ein Song wie „Wachstum über alles" von Saltatio Mortis (*Das Schwarze Einmaleins*, 2013) ohne jede Anspielung auf das Mittelalter, dafür mit umso mehr Anspielungen auf die Gegenwart Gewinnstreben und Marktorientierung an.

Dass er sich offensichtlich sarkastisch textlich an die erste Strophe und die Melodie des Deutschlandlieds anlehnt, hat der Band übrigens Vorwürfe der Deutschtümelei und des Rechtsradikalismus eingetragen.[92] Ziel derartiger Vorwürfe sind Bands des Mittelalterrocks jedoch selten. Eher scheint es, als würde sich die Szene aus linksgerichteten Kreisen des demokratischen Spektrums rekrutieren, in denen das Spiel mit nationalen Symbolen Teil der Kritik am Nationalismus ist. Dieses Image der Bands dürfte ein Grund dafür sein, dass Auftritte von In Extremo im Vorprogramm der Böhsen Onkelz und auf deren Festival *Matapaloz* ruhig über die Bühne gingen. Auf die Vergangenheit der Onkelz angesprochen, meinte Sänger Michael Rhein, er habe sich vor ihrem ersten gemeinsamen Auftritt intensiv damit beschäftigt. Jeder habe eine zweite Chance verdient: „Die haben mit 16 diesen einen bösen Song gehabt, mit 16!"[93]

Aber das nur am Rande. In beiden Formen der Gesellschaftskritik – mit und ohne Anleihen an das Mittelalter – offenbart sich die Gegenwartsbezogenheit des Mittelalterrocks. Deshalb ist es auch gar nicht so wichtig, die Musik und ihre Visualisierung auf präzise Zeitpunkte der Geschichte zu beziehen. Mittelalterliche und neuzeitliche Vergangenheit werden zu einem vagen „Früher" miteinander vermengt, das vor allem als Kontrastfolie zur Gegenwart dient. Im Video zu „Störtebeker" (*Quid Pro Quo*, 2016) vermischen In Extremo den Mythos des mittelalterlichen Seeräubers Klaus Störtebeker und der Vitalienbrüder mit der Geschichte eines an Bonnie und Clyde erinnernden Verbrecherpärchen, die wohl in den 1920/30er Jahren anzusiedeln ist. Moderne Dinge zu „vermittelalterlichen", kennen wir auch aus der Mittelaltermarktszene, aus der die Band ja auch ursprünglich kommt. Im „Marktsprech" wird der Euro zum „Goldtaler". Es wäre zu kompliziert, sich mit mittelalterlichen Währungssystemen auseinanderzusetzen, und auch logistisch kaum möglich, eine authentisch-mittelalterliche Währung für einen Markt einzuführen. Also bleibt noch der Weg, die modernen Zahlungsmittel anders zu bezeichnen. Dieser „Etikettenschwindel" reicht aus, ein Vergangenheitsgefühl zu wecken, das aus dem Alltag entführt, auch wenn man eine Euromünze in der Hand hält. Auch der umgekehrte Weg wird gegangen, wenn so manche moderne Opern- und Theaterinszenierung eine eigentlich im Mittelalter spielende Handlung in ein aktuelles Szenario überführt, um das Werk zugänglicher zu machen.

Frauen als Verfügungsmasse von Männern

Im Ständeschema (▶ Abb. 16) fehlten nicht nur die Minderheiten, sondern auch noch eine weitere, in allen Gesellschaften wesentliche Gruppe: Frauen. Zwar könnte man meinen, dass Frauen in der symbolischen Darstellung in einer Art visuellem generischen Maskulinum mitgemeint seien. Aber auch im Metal müssen wir mittelalterliche Frauen im Gegensatz zum männlichen Kriegerhelden mit der Lupe suchen. Was man findet, sind vor allem Stereotypen (was ein Stück weit auch für die Darstellung männlicher Geschlechterrollen im Metal gilt). Die Frauen in Bathorys Song „Bond of Blood" (*Twilight of the Gods*, 1991) warten zuhause auf die Rückkehr des Protagonisten – die Mutter weist mit ihrem goldenen Haar den Nachhauseweg (eine Anspielung auf die göttliche Gattin Thors, Sif) und die Schwester wird gebeten, nicht aus Sorge zu weinen. Das gilt auch für „Death and Resurrection of a Northern Son" (*Nordland II*, 2003). Hier bittet das lyrische Ich seine Mutter um Vergebung dafür, im Kampf gefallen zu sein. Der verstorbene Krieger wird dann von einer Frau, wohl einer Walküre, dazu aufgefordert, ihr zu folgen.

Bathory ist damit leider ein gutes Beispiel für die Darstellung mittelalterlicher Frauen im Metal insgesamt: Ihnen wird eine bloß passive Rolle in einer Welt zugeschrieben, in der die Handlungsmacht bei den Männern liegt. Deren verwegenes Heldentum schmückt die weibliche Passivität aus. Nur in einem Bereich wird Frauen wirksames Handeln zugestanden: in der Mythologie. Weil es selbstständige Frauen nur im Jenseits gibt, mutieren die diesseitigen Frauen zur männlichen Verfügungsmasse. Sie sind reine Staffage oder Objekt der Begierde, wie es sich schon beim Spielmannsimage im Mittelalterrock andeutete. „A drink in our hand and a girl on our side" singen etwa Amon Amarth in „Heidrun" (*The Great Heathen Army*, 2022). Auch viele Albencover transportieren dieses Frauenbild, etwa *Met & Miezen* von Feuerschwanz (2007) und viele von Manowar, z. B. *Hail to England* (1984) oder das bereits oben erwähnte *Gods of War* (2007). Paternalistisch sorgen sich Männer wie in Unleasheds „Hero of the Land" (*Warrior*, 1997) um die Familie oder um den Schutz von Frauen und Kindern bei einem Angriff wie in „The Messenger" von Bathory (*Nordland II*, 2003). Teil männlicher Verfügungsmasse zu sein, bedeutet aber auch, dass Frauen Opfer sexualisierter Gewalt werden. In „Prima Nocte" von Feuerschwanz (*Prima Nocte*, 2005), nur eine von vielen Zoten aus der Frühphase der Band, mündet eine versuchte Vergewaltigung, in der der Vergewaltiger der Lächerlichkeit preisgegeben wird, in eine mehr oder weniger einvernehmliche Sexszene. Der „Victorious March" von Amon Amarth (*Sorrow Throughout the Nine Worlds*, 1994) wiederum glorifiziert einen Überfall als Racheaktion und Kampf gegen das Christentum (▶ Kap. 11), in dessen Zuge auch Vergewaltigungen begangen werden:

No man was spared
No house or farm remains
No christian woman unraped
Their church consumed by flames

Wie gesagt, der Themenkomplex aus Heldentum, Gewalt und den abweichenden Werten früherer Gesellschaften ist kompliziert. Die Textzeile von Amon Amarth kann man ähnlich wie die Bewertung von Richard Löwenherz als Held einordnen (▶ Kap. 9). Als Fan neigt man dazu, reflexartig zu sagen, dass es sich bei dem Song um reine Unterhaltung handle, dass er mittlerweile etliche Jahre alt ist und die Band nicht das Problembewusstsein der gegenwärtigen Gesellschaft haben konnte. Wird nicht selbst in der Bundesrepublik Vergewaltigung in der Ehe erst seit 1997 als Straftat gewertet? Im Mittelalter war das ohnehin alles ganz anders – Werte ändern sich nun einmal. Auf ihrem ersten vollen Album *Once Sent from the Golden Hall* (1998) veröffentlichten Amon Amarth den Song erneut. Und für eine Bonus-CD zum Album *Versus the World* (2002) wurde eigens eine deutschsprachige Version („Siegreicher Marsch") aufgenommen. Darin heißt die Zeile: „Keine Christin ungeschändet". Auf Konzerten der Band spielt das ältere Werk und somit auch der „Victorious March" zwar eine immer geringere Rolle. Aber die jüngsten im Internet verfügbaren Livemitschnitte des Songs stammen immerhin von der Südamerikatour 2020. Und auch auf ihrer Homepage nutzen Amon Amarth weiterhin eine Anspielung auf den Song als Bezeichnung für den Webshop: „Victorious Merch". Nach einer stillschweigenden Distanzierung im Sinne von „Gras drüber wachsen lassen" sieht das nicht aus.

Eine jüngst erschienene Studie deutet darauf hin, dass der Konsum von Darstellungen misogyner Gewalt bei Metalfans in der Regel nicht auf ein sexistisches Weltbild schließen lässt. Allerdings gibt es eine sexistische Untergruppe, die sich von solchen Gewaltdarstellungen besonders angezogen fühlt.[94] Um Musik zu schreiben, die den Fans gefällt, müssten Amon Amarth also gar nicht Vergewaltigungen verherrlichen. Man kann davon ausgehen, dass der Mehrheit der – größtenteils männlichen – Hörer das Problembewusstsein fehlt, so dass sie bewusst oder unbewusst über die Textzeile hinweghört. Tatsächlich kann man die vier Worte im Gegensatz zu den sehr viel ausführlicheren expliziteren Schilderungen im Death Metal leicht überhören. Ein Teil der Fans könnte sie auch schlicht für einen Bestandteil der authentischen Wikingerdarstellung halten, sodass sie die positive Bewertung weniger stark wahrnehmen. Dies würde erklären, warum selten Kritik am „Victorious March" geäußert wurde. In den Kommentarspalten der zahlreichen Uploads des Songs auf YouTube gibt es kaum Kritik an den Inhalten. Neben der Masse an Kommentaren, die die Musik loben, findet sich eher noch Bewunderung für die infernalische Zerstörungswut der Wikinger Amon Amarths. Fast niemand wendet ein, dass die Vergewaltigung von Frauen nicht zum „glorreichen" Vorgehen passe.

Aber auch wenn es nur wenige sind, zeigen die kritischen Kommentare, dass der Metal kein von seiner gesellschaftlichen Umgebung losgelöstes Milieu ist. Die Metalszene hat die gleichen Probleme wie Gesamtgesellschaft, sodass sie auch an die aktuellen Debatten anknüpft, die durch *#MeToo* angestoßen wurden. Eine ähnliche Diskussion wurde in Deutschland im Jahr 2020 über das *Donaulied* geführt. Anlässlich einer Petition gegen das zotige Volkslied, dessen zentrales Thema eine Vergewaltigung ist, entfaltete sich eine mitunter heftig ausgetragene Auseinandersetzung darüber, was man im Bierzelt oder in der Kneipe singen dürfe. Die Diskussion um die Darstellung sexualisierter Gewalt und Sexismus ist noch lange nicht abgeschlossen und wird auch im Metal noch weitergeführt werden müssen.

Dass es aber auch innerhalb des Metals eine Sensibilität gibt, was man darstellen sollte und was nicht, zeigt der Umgang mit der Geschichte des französischen Adligen Gille de Rais. Die könnte man fast nicht glauben, wäre sie nicht in Prozessakten überliefert worden. Der um das Jahr 1404 geborene Gille de Rais kämpfte im Hundertjährigen Krieg auf der französischen Seite gegen die Engländer und stieg zum Marschall Frankreichs auf. Schließlich verließ ihn sein Glück, er verlor an Bedeutung und wegen seiner überbordenden Hofhaltung auch sein Geld. Zumindest seinen Reichtum versuchte er durch Teufelsbeschwörungen zurückzubekommen, wofür er den Spezialisten Francesco Prelati engagierte, einen italienischen Geistlichen und Alchemisten. Wohl im Zusammenhang mit diesen Experimenten entführte er zusammen mit Komplizen mindestens 140 Kinder, die er folterte, teilweise auch missbrauchte und ermordete. Schließlich flog er wegen einer anderen Sache auf und wurde 1440 hingerichtet. Starker Tobak! Diesen vertonen Cradle of Filth auf ihrem Konzeptalbum *Godspeed on the Devil's Thunder* (2008) – aber nicht in allen Details. Paul Allender, damals Gitarrist der Band, ließ wissen, sie seien „nicht explizit auf die grausamen Morde an den Kindern eingegangen, weil das einfach nicht der Punkt ist und wir das weder gutheißen, noch uns damit identifizieren". Cradle of Filth arbeiten auf dem Album verschiedene Stationen von de Rais als Serienmörder ab und sparen auch nicht an expliziten Gewaltdarstellungen, die mitunter aus dem Munde des Täters selbst kommen. Sie versuchen aber erst gar nicht, Anspruch auf historische Authentizität zu erheben, was sie zu einer Darstellung auch der Gewalt gegen die Kinder zwingen würde. Stattdessen greifen sie den historischen Gilles de Rais als Inspirationsquelle auf und passen den Stoff ihren erzählerischen Anforderungen an. So sieht Allender die Story „eher wie ein düsteres Märchen, nicht wie eine Geschichtsstunde". Sänger Dani Filth betont, dass er seine Tochter keine Texte und Gelächter zum Album hätte beitragen lassen, wenn „er denken würde, es würde Kindesmissbrauch und Mord verherrlichen". Sie seien die Thematik „mit Samthandschuhen angegangen" und hätten sich einfach nur für die düstere Geschichte interessiert.[95] Im Booklet wird Gilles de Rais ein Platz unter den faszinierendsten Monstern der Geschichte zugewiesen, was an die verbreitete Faszination für True Crime erinnert – und nicht an die Verehrung eines Verbrechers.

Dabei muss man nicht einmal die finstersten Komponenten aussparen, wenn man diesen Stoff erzählt. Celtic Frost gelingt es mit „Into the Crypt of Rays" (*The Morbid Tales*, 1984), die Taten des französischen Adligen als menschlichen Abgrund der Perversion darzustellen, ohne sie zu glorifizieren. Darin liegt der wesentliche Unterschied zum „Victorious March" Amon Amarths, in dem Vergewaltigung in die Kategorie brachial-heldenhafter Maßnahmen einsortiert wird. Sofern man überhaupt der Meinung ist, sexualisierte Gewalt musikalisch darzustellen zu müssen, gilt auch hier: Bewertungsmaßstab können nur die heutigen Normen sein, die eine positive Konnotation ausschließen.

Von der Masse heben sich Subway to Sallys zahlreiche Frauenfiguren ab. Die Band zielt auf das Außergewöhnliche, das Bizarre oder an den Rand Gedrängte ab. Sie hat eine „Herrin des Feuers" (*Herzblut*, 2001), eine „Kleine Schwester" (*Engelskrieger*, 2003), eine „Schneekönigin" (*Nord Nord Ost*, 2005) und eine „Königin der Käfer" (*Hey!*, 2019) im Angebot. Und das ist nur eine Auswahl! Die Titel verraten, dass es in diesen Songs nur selten um „gewöhnliche" Frauen und mittelalterliche Themen geht. Falsch aufgehoben im Mittelalter wäre zum Beispiel die Darstellung einer Hexenverbrennung („Die Hexe", *MCMXCV*, 1995), da die Verfolgung der „Hexen" im Wesentlichen in der Frühen Neuzeit stattfand. Der populäre Song „Julia und die Räuber" (*Foppt den Dämon!*, 1996) hingegen könnte, muss aber nicht in einem mittelalterliche Szenario angesiedelt sein. Er lebt vom Gegensatz der weiblichen Kinderstimme, die einen Text singt, der so gar nicht zu ihr passen mag:

Blut, Blut, Räuber saufen Blut
Raub und Mord und Überfall sind gut
Hoch vom Galgen klingt es
Hoch vom Galgen klingt es
Raub und Mord und Überfall sind gut!

Ein Paradebeispiel für ein mittelalterliches Szenario bei Subway to Sally ist der Song „Henkersbraut" (*Hochzeit*, 1999), der seine Protagonistin zwar als Spielball einer männlichen Gesellschaft darstellt, allerdings aus einer kritischen Perspektive. Der Song erzählt eine groteske Hochzeitsszene, die eingeleitet wird mit einer an das fast gleichnamige Adventslied angelehnten Textzeile „Macht hoch die Tür, das Tor macht weit". Doch kommt nicht der „Herr der Herrlichkeit", sondern die „Braut voll Herrlichkeit". Irgendwie will nichts zu einer Hochzeit passen: die Braut trägt keinen Schleier, es gibt weder Priester noch einen Altar, die „Gästeschar im Lumpenkleid / drängt sich um sie und lacht und schreit". Man erfährt über das Vorleben der Braut: „Sie hat gehurt, sie hat geklaut" und noch dazu ihr Kind abgetrieben. Die Wortwahl „Doch im Weizenfeld am Haus / da trieb man ihr die Unschuld aus" lässt Zweifel an der Freiwilligkeit der Schwangerschaft aufkommen. So langsam dämmert es: Auch wenn der als Bräutigam bezeichnete Henker „sie leis sein kleines Weib" nennt, dürfte es sich bei dem als Hochzeit beschriebenen Ritual eigentlich um eine Hinrichtung handeln, mit der die „Henkersbraut" für ihre Taten bestraft werden soll. In einer Rezension wurde gelobt, dass Subway to Sally mit *Hochzeit* „aktuelle Probleme – unter anderem Abtreibung – zur Sprache bringen".[96] In den Jahren vor dem Erscheinen der Platte stritt man im wiedervereinigten Deutschland über zwei Modelle der rechtlichen Regelung von Abtreibungen: dem restriktiven Modell der Bundesrepublik (Abtreibungen sind illegal, bleiben jedoch unter bestimmten Bedingungen straffrei) und dem liberaleren der DDR (Abtreibungen sind in den ersten drei Monaten der Schwangerschaft erlaubt). Der Bundestag hatte für die DDR-Regelung votiert. Das Gesetz wurde jedoch vom Bundesverfassungsgericht gekippt, sodass seither die noch heute gültige Regelung greift: Abtreibungen sind illegal, wenn auch unter bestimmten Umständen straffrei. Vor diesem Hintergrund parallelisiert der Song „Henkersbraut" die Gegenwart mit dem Mittelalter. Die Band, so scheint es, will uns vor Augen führen, dass sich der Umgang mit Abtreibung im Mittelalter kaum von dem der Gegenwart unterscheidet. Mit der johlenden Menge, die der Hinrichtung beiwohnt, macht sie zudem auf die gesellschaftliche Stigmatisierung von Frauen aufmerksam, die abgetrieben haben.

Selbstbewusste Frauen?

An sich ist es seltsam, dass der Metal nicht häufiger selbstbewusste Frauen behandelt. Das Bild von der selbstständigen nordischen Frau, die zuhause den Ton angibt oder als Schildmaid ihre Feinde das Fürchten lehrt, ist in weiten Teilen der Popkultur verbreitet, jedoch nicht im Metal. Vereinzelt gibt es aber doch Darstellungen von Frauen, die selbstständig handeln oder an denen sich Männer zumindest vergeblich abarbeiten. In den letzten Jahren mehren sich die Anzeichen für einen Perspektivwechsel oder zumindest eine Ergänzung der Männerperspektive, wie Amon Amarth auf dem 2016 erschienenen Album *Jomsviking* zeigen. Das Musikvideo zu „At Dawn's First Light" deutet zwar noch immer an, was „Victorious March" explizit ausspricht. Eine Frau versucht vergeblich zu fliehen und wird von einem lüsternen Mann in ein Haus gezerrt. Auf dem Album befindet sich aber auch der Song „A Dream That Cannot Be", in dem ein plakativer Dialog zwischen einem aufdringlichen Verehrer und einer selbstbewussten Frau, gesungen von Doro Pesch, wiedergegeben wird. Die Frau ist bereit, ihren Willen – die Unabhängigkeit vom

Mann – notfalls mit Waffengewalt zu verteidigen. Die Äußerungen des Mannes hingegen tragen Züge von Wahnsinn, so obsessiv wie er in schweren Stunden an seine Angebetete denkt, obwohl sie von ihm nichts wissen will. Auch wenn die Frau also weiterhin bloß auf den Mann und seine Absichten reagiert, merkt man doch den erheblichen Unterschied zum „Victorious March": Sie ist ihm zumindest nicht mehr schutzlos ausgeliefert.

Eine ebenfalls einseitige Liebe mit Zügen von Besessenheit erzählt „Blutadler" der Mittelalterrockband Harpyie (*Blutbann*, 2022). Im Song fragt sich das lyrische Ich, wie es die erkaltete Liebe seines Gegenübers wiedererlangen könnte. Der Text ist nicht eindeutig, spätestens im Video wird aber klar, dass es um eine Frau geht. Wie gewinnt man also die Gefühle der Geliebten zurück? Klar: Man stürzt sich als Ausdruck der eigenen Gefühle in einen grausamen Tod per „Blutadler". Zwar wird der Blutadler in der altnordischen Literatur erwähnt, ob Wikinger ihren Gegnern aber wirklich bei lebendigem Leib die Rippen aufbrachen und die Lungenflügel auf die Schultern legten, wird in der Forschung unterschiedlich bewertet. Bei Harpyie soll die Geliebte den Mann töten und durch seinen qualvollen Tod von der Ernsthaftigkeit der Gefühle überzeugt werden: „Ich will mein Innerstes dir geben / ich will dein Blutadler sein". Besondere Popularität erlangte der Blutadler durch eine Episode der Serie *Vikings*, in der Protagonist Ragnar einen Gegner auf diese Weise tötet. In der grausamen Hinrichtungsszene scheint sogar eine Art Übereinstimmung zwischen den Kontrahenten zu herrschen. Die Stimmung ist sehr sinnlich, geradezu erotisch, ähnlich wie filmische Darstellungen ritueller oder sexueller Handlungen. Das Aufbrechen des Oberleibs geschieht fast zärtlich. Unterlegt mit atmosphärischen Klängen wird es in warmes und weiches Fackellicht gehüllt. Da Harpyie die Ausstattung ihres Videos der von *Vikings* nachempfinden, ist die Quelle der Inspiration klar. Dass sie die Hinrichtung als Liebesbeweis neuverpacken, in dem die Frau ihren Verehrer tötet, ist der nächste logische Schritt gegenüber der Erotisierung in *Vikings*.

Letztendlich aber werden in beiden Songs Frauen noch immer rein über ihr Verhältnis zu Männern festgelegt. Ein „esoterisch-feministische[s] Mittelalter",[97] wie man es im Roman *Die Nebel von Avalon* findet, in dem Priesterinnen die Geschicke Britanniens lenken, bis sie vom christlichen Patriarchat abgelöst werden, sucht man im Metal vergebens. Die Autorin, Marion Zimmer Bradley, ist nebenbei bemerkt nicht gerade ein leuchtendes Beispiel für Feminismus: Sie ist mit Missbrauchsvorwürfen ihrer Tochter konfrontiert.

Eine der wenigen Ausnahmen von der passiven Darstellung mittelalterlicher Frauen ist „Joan of Arc" von Powerwolf (*Wake Up the Wicked*, 2024), in dem Johanna von Orléans als Heldin gepriesen wird, die nach dem Ende ihres militärischen Glückes verraten und verbrannt wird. Dabei hält das Mittelalter zahlreiche spannende Frauen-Biografien bereit – von politisch ambitioniert und gerissen bis zu theologisch, literarisch, ökonomisch und medizinisch gebildet –, die darauf warten vertont zu werden. Freilich taugen sie nur selten für die im Metal beliebten Krieger- und Heldengeschichten. Aber wer es schafft, ansprechende Lieder über Bier und Met zu schreiben (▶ Kap. 13), bekommt das erst recht mit Hildegard von Bingen und Mathilde von Tuszien hin. Im Gegensatz zum Alkohol kommen diese Figuren bereits mit spannenden Geschichten, die nur noch auf die Musik zugeschnitten werden müssen: Geschichten um Krieg, Treue und Verrat bei Mathilde oder um mystische Visionen und Kampf gegen das Patriachat bei Hildegard.

„Von Vater zu Sohn": Männer als Träger von Traditionen

Insgesamt aber gilt: Die mittelalterliche Gesellschaft im Metal ist eine Männergesellschaft. Männer handeln, Frauen erdulden – sofern sie überhaupt erwähnt werden. Besonders dem Verhältnis von Vater und Sohn wird eine zentrale Rolle zugeschrieben. Söhne erscheinen als die Bewahrer der Traditionen, denen im Viking Metal eine fundamentale Bedeutung zukommt. In „Baptised in Fire and Ice" von Bathory (*Hammerheart*, 1990) erinnert sich ein männliches lyrisches Ich, wie es nach der Geburt von seinem Vater das erste Mal ans Tageslicht getragen und später in die Regeln des Lebens mit den Naturgewalten eingeführt worden sei. Ein ähnliches Szenario aus der Perspektive des Vaters erzählt „Father to Son" vom selben Album: Hier soll der Sohn das Blut des Vaters weitertragen („The hammerchild of my flesh / of my blood to carry on") und den Vorvätern verbunden bleiben. Der Vater nimmt ihm das Versprechen ab, die Heimat zu pflegen, sein Volk zu verteidigen („Defend all of your race"), seine Werte und Ideale niemals aufzugeben und niemals Schande über seine Flagge zu bringen („Do never bring your flag disgrace"). Diese Vorstellung der Weitergabe von Traditionen und Sitten als ewiger Kreislauf zwischen Vater und Sohn wird durch die ständige Wiederholung des Titels „Father to Son" im Refrain programmatisch in Ton gegossen.

Sie werden es sich gedacht haben: Eine Kindheit im Frühmittelalter sah anders aus. Auch damals hatten die Menschen ein Bewusstsein dafür, dass Kinder Zuneigung brauchen, erzogen werden, Bildung erhalten und spielen müssen. Kinder waren keine Behälter oder Vehikel für den Erhalt von Traditionen und Werten, auf die sie in den Songs reduziert werden.

Traditionen sind aber das, was Bathorys Thomas Forsberg beschäftigte, der sich selbst als Nachfahre der Wikinger sah. „Father to Son" konstruiert im Grunde eine einfach gehaltene Traditionslinie, an deren Ende er selbst steht. Dass er sich für die Männer als Träger der Tradition entschied, erscheint naheliegend, sind es doch bis heute meist die Nachnamen der Männer, die bei der Eheschließung heterosexueller Paare beibehalten werden und neue Familienlinien bezeichnen. Mit wenigen Ausnahmen (wie dem dänischen König Sven Estridsen) benannten sich auch die frühmittelalterlichen Skandinavier meist nach ihren Vätern. Diese Praxis ist vorbei, der Name aber blieb, weshalb heute so viele skandinavische Namen auf -son, -søn oder -sen („Sohn") enden. Wer heute Johansen heißt, hat irgendeinen Vorfahren, dessen Vater zu „Urzeiten" einmal den Namen Johan getragen hat. Die Weitergabe von Traditionen ist allerdings ein komplizierterer Prozess. Bildung, Kommunikation, gesellschaftliche Regeln und viele andere Dinge sind dafür von Bedeutung. Und natürlich spielten auch Frauen eine Rolle, mindestens eine genauso wichtige wie Männer. Stereotyp wird das in Märchen- und Mittelalterfilmen in der Figur der Amme dargestellt, die den Kindern am Feuer Geschichten von alten Zeiten erzählt.

Weil aber der Metal vor allem Söhne als Traditionsübermittler sieht, verwundert es nicht, dass es deren Tode sind und nicht die der Töchter, die den sonst so kühlen Wikingern Gefühlsregungen und Trauer entlocken können. In „Fate of Norns" von Amon Amarth *(Fate of Norns*, 2004) beklagt ein Vater den Verlust seines Sohnes, den er zum Scheiterhaufen bringt. „Ride for Vengeance" (*Once Sent from the Golden Hall*, 1998) erzählt die Geschichte, wie ein Vater Rache für die Tötung seines Sohnes nimmt.

Die Geburtsszene in „Baptized in Fire and Ice" ist auch deshalb sonderbar, weil eine für eine Geburt nicht unwichtige Person durch Abwesenheit glänzt: die Mutter sucht man vergebens. Wichtiger als die Mutter war Forsberg der Ort der Geburt in eisigen Landen, als die Flotte zur Abfahrt bereitstand, und dass der Vater seinen Sohn zur (rituellen) Reinigung über Feuer gehalten und mit Schnee betupft habe. Die Abwesenheit der Mutterfigur dürfte erneut auf die romantische Literatur des 18. und 19. Jahrhunderts zurückgehen. Darin gelten die Wikinger als Inbegriff von Männlichkeit, harter Arbeit, Ausdauer und Stärke. Dieses harte Image hat sich bis in die heutige Popkultur gehalten und wird von Feuerschwanz in „Berzerkermode" (*Fegefeuer*, 2023) durch den Kakao gezogen. Einmal abgesehen von Hass und Zorn, haben Gefühle in dieser hypermännlichen Gesellschaft kaum Platz. Auch Genrekonventionen im Black Metal können die Abwesenheit der Mutter erklären. Bestandteil seiner archaischen Männlichkeit ist die Überbetonung der unwirtlichen Natur, in der nur der harte Mann bestehen kann. So ist Forsberg die „Taufe mit Feuer und Eis", der Initiationsritus in die lebensfeindliche Welt wichtiger, als dass das Neugeborene in die Arme der für Wärme und Geborgenheit stehenden Mutterfigur gegeben wird.

Geschlechterrollen im Wandel

Genrekonventionen und Interessen der Bands haben also einen erheblichen Einfluss darauf, wie sich der Metal mit der Kategorie Geschlecht auseinandersetzt. Begünstigt worden ist die männliche Dominanz auch durch die Geschichtswissenschaften, in denen lange Zeit das Bild von einem männlichen Mittelalter vorherrschte. Erst etwa seit den 1980ern wurde dieses Bild nachhaltig neujustiert – zuerst durch die Erforschung historischer Frauen und dann von Geschlecht an sich. Relevanter als das akademische Mittelalterbild dürfte die Tatsache sein, dass die Metalszene nach wie vor zu einem große Teil von Männern gestaltet wird. Dennoch halten hier in den letzten Jahren Veränderungen Einzug, was sich zum Beispiel daran zeigt, dass sich das altbekannte Schema der Inszenierung von Geschlechtern auflöst. So war im Symphonic Metal lange die optische Unterscheidung zwischen Sängerinnen und männlichen Instrumentalmusikern besonders beliebt. Hell hier, düster dort; weibliche Unschuld trifft auf das Finstere im Metal. Ein Video wie das von Nightwish zu „Sleeping Sun" aus dem Jahr 2005 trennt die weibliche von der männlichen Sphäre. Die damalige Sängerin der Band, Tarja Turunen, wandelt im weißen Kleid wie der Welt entrückt über das düstere Schlachtfeld der kämpfenden und gefallenen Männer. Vertont wird diese Aufteilung zusätzlich im „Beauty-and-the-Beast"-Schema des Gothic und Symphonic Metals, in dem sich sirenenhafter Frauengesang mit männlichen Growls abwechselt. Im Bereich mittelalterlicher Themen kennen wir das etwa von Leaves' Eyes. Dieses Schema findet sich natürlich noch immer, es gesellen sich aber Frauen hinzu, die schreien und düstere Gestalten verkörpern. So inszeniert sich zum Beispiel die Sängerin der US-amerikanischen Band Castle Rat wie die Musiker von Manowar im klassischen Stil des Sword and Sorcery. Und auch Feuerschwanz verkündete im Januar 2025 über ihren Instagram-Account: „Die Ära der Miezen ist vorbei". Die Bühnentänzerinnen der Band werden nicht mehr „Miezen", sondern „Schildmaiden" genannt und somit aus einem sexualisierten in einen kriegerischen Kosmos gerückt. Die Grenzen zwischen ursprünglich männlich und weiblich konnotierten Räumen verwischen auch im Metal zunehmend, wenn auch Bands, die das Mittelalter thematisieren, nicht gerade zu den Vorreitern gehören.

Das Verhältnis von Mittelalterdarstellungen und der Gegenwart der Bands ist kompliziert. Viele Faktoren beeinflussen es: die historischen Vorlagen, unser akademisches und popkulturelles Bild von diesen Vorlagen, die Absichten und Anschauungen der Musikerinnen und Musiker, aktuelle Normen und vieles mehr. Dabei halten die Bands ihren Fans oftmals nur einen Spiegel vor, in dem sie sich in mittelalterlicher Verkleidung wiedererkennen können. Für Frauen und nicht-binäre Personen ist dieser Spiegel freilich recht trüb: In aller Regel ist es ein Mann, der daraus zurückblickt. Das Mittelalter ist für die Bands ein Werkzeug, aktuelle Verhältnisse oder ihre Sichtweisen pointiert oder poetisch auszudrücken. Wenig poetisch, aber auch nicht gerade nüchtern wird es hingegen im nächsten Kapitel.

13
Trinken bis zur historischen Bewusstseinslosigkeit

Das Motto der Stahlarbeiter der Ajax Steel Mill aus *Die Simpsons* gilt auch für das Metal-Mittelalter: „We work hard, we play hard" – „Wer hart arbeitet, darf sich amüsieren". Plündern, Christen bekämpfen, Heldentode sterben, männlich sein – alles anstrengende Sachen. Dazu braucht es den passenden Ausgleich, denken sich viele Bands und schreiben Lieder für entspannende feuchtfröhliche Stunden. Im Gegensatz zu anderen Liedern mit Mittelalterthematik sind Trinklieder genau für die Situation gemacht, die sie besingen. Die Aufgabe des Trinklieds ist, so das *Historische Wörterbuch der Rhetorik*, die „festliche Laune und das Gemeinschaftsgefühl der Tisch- bzw. Trinkgesellschaft zu fördern",[98] oder mit Feuerschwanz ausgedrückt: „Blöde Frage, Saufgelage!" (*Auf's Leben!*, 2014). Trinklieder sind wie gemacht für Festivals und Konzerte, auf denen Alkohol in größeren Mengen konsumiert wird und auf denen sich die Fans unter dem Dach des Metal als Gemeinschaft zelebrieren. Während Essen und Trinken im Sinne von Energie- und Flüssigkeitszufuhr zum Überleben im Metal völlig unterrepräsentiert sind, stehen alkoholische Getränke mitsamt ihrem Genuss und seinen Folgen in vielen Liedern im Mittelpunkt.

Mit dem Mittelalter assoziiert wird im Metal zuallererst Met, vornehmlich aus Trinkhörnern. Festgelegt ist die Szene in ihren Trinkgewohnheiten jedoch keineswegs. Die Folk Metaller von Korpiklaani preisen in nicht ganz ernst gemeinten Liedern Bier („Beer Beer", *Voice of Wilderness*, 2005), Wodka („Vodka", Karkelo, 2009) und Tequila („Tequila", *Ukon Wacka*, 2011), allerdings kaum mit dem Versuch, dem Ganzen einen historischen Touch zu verleihen. Es ist durchaus typisch, dass Bands, die sonst das Mittelalter thematisieren, in ihren Trinklieder keinen besonderen Bezug darauf nehmen – z. B. In Extremo mit „Auf's Leben" (*Sängerkrieg*, 2008) oder „Sternhagelvoll" (*Quid pro quo*, 2016). Auch Verweise auf neuzeitliche und aktuelle Aspekte sind typisch für Trinklieder. „Genug getrunken" von Saltatio Mortis (*Finsterwacht*, 2024) greift etwa das Bonmot von Harald Juhnke auf: „Keine Pläne, leicht einen sitzen, das ist die Definition von Glück". In „Wolkenschieber" auf dem gleichnamigen Album (2024) verarbeiten In Extremo die Geschichte eines Apothekers aus dem 18. Jahrhundert, der mit einem „Wundermittel" viele Krankheiten auf einen Schlag zu heilen können meinte. Im Online-Shop konnte man das Album mit dem dazu passenden „Wolkenschieber-Bitter" kaufen. Auch sonst tummelt sich Trinkzubehör im Merchandise der Mittelalterrocker, aber auch Amon Amarth und Konsorten haben Trinkhörner, dazu passende Gürtelhalter, Flaschenöffner und Kühltaschen im Sortiment. Alkohol ist für viele Bands ein wichtiger Bestandteil des Images und Marketings.

Ein Nebeneinander von Mittelalterbezügen und zeitlich nicht festgelegten Trinkliedern findet man auch bei den aus Bayern stammenden Equilibrium. Humorvoll präsentiert die Band auf ihrem ersten Album (*Turis Fratyr*, 2005) Met im gleichnamigen Song als Auslöser der skandinavischen Plünderfahrten („Kennst du den Urknall aus dem Horn? / Kennst du den Grund für der Nordmannen Zorn?"). Das Getränk solle nach geschlagenen Schlachten, auf der Jagd und auch sonst immer getrunken werden. Noch dazu verfügt das Lied über einen einprägsamen Refrain, den man auch bei einem Alkoholpegel jenseits der Verkehrstüchtigkeit mitsingen kann: „Met, Met, Met, Met, Met, Met, Met". Etwa ein Jahrzehnt später wich die Wikingerthematik einem bayerischen Wirtshausszenario. Im Video zu „Wirtshausgaudi" (*Erdentempel*, 2014) schaut man der Band beim Trinken mit teilweise in Lederhosen und Dirndl gekleideten Zechkumpanen zu. Der Song hat durchaus eine Parallele zum Mittelalter, sie dürfte aber zufällig sein: Während es bei Equilibrium heißt: „Hallo lieber Wirt, mach mir den Bierkrug voll!", textete der Dichter Oswald von

Wolkenstein im Spätmittelalter: „Her wiert uns dürstet also sere / trag auf wein".[99] Aber das Herbeirufen des Wirts ist natürlich ein gängiges Motiv in Trinkliedern allgemein.

Häufiger bedienen sich die Bands, wie schon gesehen, eines altmodischen Vokabulars, um ein vages Gefühl von „früher" hervorzurufen – beispielsweise bei „Reiht euch ein ihr Lumpen" von In Extremo (*Kompass zur Sonne*, 2020). Besonders für Bands wie In Extremo ist es naheliegend, auch für Trinklieder mittelalterliche Motive und Strukturen zu verarbeiten oder gleich vollständige Texte zu übernehmen. Ein im Mittelalter immer wieder aufgegriffenes Thema ist die Gegenüberstellung von hohen Idealen und triebgesteuertem, rauschhaften Verhalten. Die gesellschaftliche Ordnung wird so parodiert und auf den Kopf gestellt, allerdings mit dem Ziel, sie eigentlich zu bekräftigen. Ein Beispiel für das Aufgreifen dieses Motivs im Mittelalterrock ist In Extremos Song „Biersegen" (*Kompass zur Sonne*). Den Text hat die Band aus der *Carmina Burana* übernommen. Mit ein paar Vokabelhilfen und der Information, dass *bibit* „er/sie/es trinkt" heißt, ist das Latein gar nicht schwer zu verstehen:

Bibit, bibit, bibit herus [der Herr]
Bibit miles [der Ritter], bibit clerus [der Klerus]
Bibit, bibit, bibit vagus [der Vagant]
Bibit rudis [der Ungebildete], bibit magus [der Weise]

Latein kann so einfach sein! Der „Biersegen" zählt Personen unterschiedlichen Standes und Ansehens auf. Anders als in der idealtypischen Beschreibung der gesellschaftlichen Dreigliederung unterscheiden sie sich aber in ihrer Tätigkeit nicht. Alle machen dasselbe: Sie trinken. Wenn alle Menschen im Alkoholkonsum gleich sind, sind sie es ja vielleicht auch sonst. Handelt es sich also um eine protodemokratische Trinkschlachthymne? Nein, Sie kennen das Phänomen vielleicht von Betriebsweihnachtsfeiern. Bloß, weil die Chefin oder der Chef nach ein paar Glühwein zu viel von privaten Problemen erzählt, heißt das nicht, dass am nächsten Tag noch ein vertrauliches Verhältnis herrscht und das Fußvolk nicht wieder ganz förmlich ungeliebte Aufgaben zugewiesen bekommt. So wie wir durch das gemeinsame Trinken nicht unseren Platz in der Firmenhierarchie verlassen können, verlassen auch die Zecher des Trinklieds den ihnen zugewiesenen Platz in der Gesellschaft nicht.

Der „Biersegen" enthält auch andere typische Bestandteile von Trinkliedern. Er besingt den Rausch und den Kater, den Verlust des Geldes und dass das Geld niemals ausreicht, wenn man ordentlich trinken will:

Parum sexcente nummate
Durant, cum immoderate
Bibunt omnes sine meta
Bibunt omnes sine meta

Frei übersetzt heißt das so viel wie: 600 Münzen reichen kaum, wenn sich alle maßlos betrinken wollen – oder noch freier mit Saltatio Mortis: „Wir sind pleite, glücklich und hackedicht" („Genug getrunken", *Finsterwacht*, 2024). Ebenso stärkt der „Biersegen" das Gruppengefühl der trinkenden Gesellschaft, indem er diejenigen verdammt, die über sie herziehen. Auch Feuerschwanz schreiben dem Alkohol eine Einigkeit stiftende Wirkung zu. Es sei „der Met, der uns im Geiste zu Kampfesbrüdern macht / Jede Fehde, jede Feindschaft fließt dahin für eine Nacht" („Metfest", *Das Elfte Gebot*, 2020).

Neben der Nutzung mittelalterlicher Texte, die abgesehen vom Latein fast zeitlos wirken, bedienen sich die Bands explizit historischer und mythologischer Szenarien. Am bestens setzen jene Songs das Prinzip „hart arbeiten, hart feiern" um, in denen Kämpfen und Trinken in Beziehung gesetzt werden. In „Raise Your Horns" von Amon Amarth (*Jomsviking*, 2016) kehren die Kämpfer vom Kriegszug zurück und stoßen auf ihren eigenen Ruhm und auf die Gefallenen an. Der Refrain fordert zum titelgebenden Erheben der Hörner und zum Trinken auf. Er schreit danach, dieser Aufforderung auf Konzerten zu folgen:

Raise your horns, raise them up to the sky
We will drink to glory tonight
Raise your horns for brave fallen friends
We will meet where the beer never ends

Das Bild funktioniert so gut, dass Amon Amarth nicht die ersten waren und auch nicht die letzten geblieben sind, die es verwenden. Ein paar Jahre später hatten Feuerschwanz mit „Die Hörner hoch" (*Methämmer*, 2018) und ein paar Jahre zuvor Vogelfrey mit „Hörner hoch" (*Sturm und Klang*, 2015) Lieder mit fast identischen Titeln, die eine ebenso trinkfreudige, nur nicht ganz so düstere Atmosphäre erzeugen. Der Song von Feuerschwanz erklimmt indessen die nächste Eskalationsstufe, indem er Trinken und Schlachten gleichsetzt. Er parodiert ernstgemeinte Darstellungen vom Heldentod (▶ Kap. 8) und verdreht die in solchen Songs vertretenen Werte in ihr Gegenteil: „Und sollt' ich fallen, weint keine Träne um mich / Sagt meinen Freunden, ich hab' tapfer bis zum Ende gezecht".

Nach dem Tod ist vor dem Trinkgelage: Krieger sterben und kommen nach Walhalla, wo sie sich die Zeit mit Kampfspielen und Trinken vertreiben – wie in „Heidrun" von Amon Amarth (*The Great Heathen Army*, 2022). Im Mittelpunkt des Lieds steht die Ziege Heidrun, die auf dem Dach Walhallas lebt und am Baum Läred knabbert. Aus ihrem Euter fließt Met. Im dazugehörigen Video stirbt die Band bei einer Bühnenexplosion, kommt nach Walhalla und wird dort mit Frauen und Met belohnt. In jedem zweiten Schnitt sind die Musiker mit einem Trinkhorn in der Hand zu sehen. Der Vorteil von Walhalla: Man kann sich weder tot noch pleite trinken. „This is a song about death, mead and goat!". In eine ähnliche Kerbe schlägt „The Mead Song" von Brothers of Metal (*Prophecy of Ragnarök*, 2017). Der Charakter des Trinkliedes tritt mit dem textlich simplen, programmatisch aber passenden Refrain „Mead! Another!" deutlicher hervor.

Etwas ernster beschreibt ein lyrisches Ich in Heidevolks „Drink Met De Goden" (*Wederkeer*, 2023), also „mit den Göttern trinken", ein furchtloses Leben voller Kampf und Ruhm und eben das Trinken bei den Göttern nach dem Tod. Wie „Drink Met De Goden" sind nicht alle Lieder über das Trinken auch Trinklieder. Ihnen fehlen typische Merkmale wie das Besingen des alkoholischen Getränks, die Aufforderung zum Trinken, die Glorifizierung des Rauschs und solcherlei. Die Umsetzung im Video würde aber hervorragend zu einem Trinklied passen: Es zeigt die Geschichte eines Kämpfers, der bei der Verteidigung seines Hofs getötet wird. Immer wieder eingeblendet werden Szenen vom Trinkgelage in Walhalla.

Trinken mit Traditionsbewusstsein – so könnte man das volkstümliche Szenario von Equilibriums „Unter der Eiche" (*Turis Fratyr*, 2005) umschreiben:

> Jedes Jahr zur gleichen Stunde stehen wir und singen hier
> Tanzen, lachen, spielen, saufen, trinken Met und ganz viel Bier
> Feiern bis zum Morgengrauen, machen diese Nacht zum Tag
> Fressen wie die Wölfe alles, mehr noch als der größte Warg

Der Liedtext bemüht das Bild eines „seit alten Zeiten Jahr für Jahr" wiederholten Fests, auf dem sich die Gesellschaft um eine Eiche herum versammelt und sich ganz dem Tanz, der Völlerei und dem Trinken widmet. Vermutlich hatten Equilibrium beim Schreiben des Lieds das romantisierte Bild eines rauschenden Dorffests vor Augen, wie es in bestimmten Regionen oftmals unter Bäumen gefeiert wurde. In vielen Ortschaften ist heute noch eine Dorflinde zu finden, die für Feste, Gerichtsverhandlungen und andere Angelegenheiten genutzt wurde. Meist reicht der heutige Baum allerdings nicht mehr bis ins Mittelalter zurück. Möglicherweise musste im Song statt der Linde eine Eiche herhalten, weil der Eiche in den verschiedenen vorchristlichen Mythologien Europas eine bedeutende Rolle zukommt. Bekannt ist die Geschichte des Missionars Bonifatius, der die Donar geweihte Eiche in Geismar fällte, sodass die Eiche im deutschsprachigen Raum mit den heidnischen Germanen in Verbindung gebracht wird. Auf diesem Weg wurde sie zum nationalen Symbol, deren Laub noch heute die deutschen Münzen des Euro-Kupfergelds ziert.

Kein Zufall dürfte sein, dass Trinklieder vor allem von Bands geschrieben werden, die ihren Gegenstand mit einem Augenzwinkern behandeln. Bands aus dem Bereich des Viking oder Pagan Metal schreiben das in Musik gegossene Trinkvergnügen nicht so groß wie die des Mittelalterrocks. Im Vordergrund steht hier schließlich nicht das hemmungslose Feiern, sondern die Beschäftigung mit dem kulturellen Erbe (▶ Kap. 10 und 11). Selbst Met wird hier vorwiegend bierernst behandelt, zum Beispiel anhand des Mythos von Odin, der mit dem Getränk seine Weisheit erlangt – diese Thematik behandeln Enslaved in „Yggdrasil“ (*Frost*, 1994) und in „Suttungs Mjød“ (*Blodhemn*, 1998) oder Einherjer in „Wyrd of the Dead“ (*Norwegian Native Art*, 2000).

Wo Alkohol entweder für reinen Spaß oder einen mythischen Glauben steht, ist eine kritische Auseinandersetzung mit dem Konsum von Alkohol rar. Eine Ausnahme bildet das „Trinklied“ von Saltatio Mortis (*Zirkus Zeitgeist*, 2015). Das lyrische Ich wägt im an den „Freund“ Alkohol gerichteten Lied dessen Vorzüge und Nachteile ab – und beendet schließlich die Freundschaft.

14
Outro: Das Metal-Mittelalter-Mosaik-Medley

Mittelalterdarstellungen im Metal sind wie Mosaike: Aus der Ferne betrachtet zeigen sie ein Gesamtbild. Aus der Nähe erkennt man die vielen kleinen Steinchen, aus denen sie zusammengesetzt sind. Auf jedes dieser Steinchen des Metal-Mittelalter-Mosaiks ist wiederum ein Bild gemalt und erzählt seine eigene Geschichte. Viele sind an der Schaffung des Mosaiks beteiligt. Ein paar Leute haben es zusammengefügt, andere haben vor seiner Zusammensetzung die Bilder auf die einzelnen Steinchen gemalt. Wenn man einen musikalischen Vergleich bevorzugt: Ein Medley besteht aus Songs verschiedener Komponistinnen und Komponisten, wurde aber zu einem größeren, im Idealfall homogen wirkenden Stück zusammenfügt. In diesem Sinne sind die Mittelalterdarstellungen im Metal mehrdeutig. Wenn wir uns ein Gemälde aus dem 19. Jahrhundert vor Augen führen, das für ein Albumcover verwendet wird, gibt es viele historische Bezüge zu entdecken:

1. Das Gemälde soll das historische Mittelalter illustrieren.
2. Es transportiert die Mittelalter-Vorstellungen zu seiner Entstehungszeit.
3. Es enthält Informationen über seine Gegenwart.
4. Es sagt etwas über die Band, die es für das Cover ausgewählt hat, und deren Mittelalterbild sowie ...
5. ... über die Gegenwart der Band (das 20./21. Jahrhundert).

Wie wir gesehen haben, erschafft sich jede Band ihr eigenes Metal-Mittelalter-Mosaik. Dabei bedienen sich die Bands an allen Steinchen, die sie in die Finger bekommen können. Das sind mitunter geschichtswissenschaftliche Darstellungen, in erster Linie aber Filme,

Serien, Bücher, Gemälde, andere Musik und vieles mehr aus dem Bereich der Popkultur. Diese Vorlagen sorgen dafür, dass im Metal „Dark Medieval Times" vorherrschen, ein Mittelalter, das zu einem erheblichen Teil aus Kriegen, Ausgrenzung und Archaischem besteht. Aber wenn man genauer hinschaut, sind die Zeiten dann doch nicht so düster, wie es auf den ersten Blick scheint. Die finsteren Aspekte erfahren meist eine positive Umdeutung: Krieg dient einem höheren Ideal (z. B. Freiheit), der Kampf gegen das Christentum ist der Abwehrkampf einer Minderheit gegen imperiale Vorherrschaft, am Rand der Gesellschaft lässt es sich frei und wild leben und das Archaische wird als ursprünglich und naturverbunden gefeiert. Frau allerdings, so haben wir gesehen, möchte man in diesem Metal-Mittelalter nicht sein.

Ausschlaggebend für diese positiven Deutungen sind die Absichten der Bands. Die einen wollen ihren Fans die Möglichkeit zum Ausbruch aus dem Alltag bieten, die anderen politische Statements setzen, Gesellschafts- oder Religionskritik äußern. Je nach Zielsetzung wählen die Bands ihre Vorlagen – wobei das auch umgekehrt ablaufen kann, gerade bei Bands, die „nur" spannende Geschichten erzählen wollen. Hier kann es ein zufällig entdeckter Film sein, der sich als Vorlage empfiehlt und das Thema vorgibt. Nicht immer übernehmen die Bands die ihnen als Fundgrube dienenden Mittelalterdarstellungen vollständig. Meist kombinieren sie einzelne Bestandteile verschiedener Darstellungen mit eigenen Perspektiven zu einem neuen Bild.

Neben populären Mittelalter- und Fantasy-Darstellungen kommt den wirkmächtigen Mittelalterbildern des 19. Jahrhunderts eine große Bedeutung zu. Sie sind oft aus Fragen heraus entstanden, die sich auch so manche Metalband stellt, die auf der Suche nach ihren kulturellen oder nationalen Wurzeln ist. Wegen ihrer Epik passen sie aber auch einfach gut zur Musik. So kommt es, dass auch Bands, die eigentlich nur unterhalten und keine tiefergehende Botschaft vermitteln wollen, oft Aussagen ihrer sehr viel älteren Vorlagen transportieren. Andere Bands knüpfen gezielt an bereits vorhandene Mittelalterbilder an, schreiben bestimmten Aspekten einen Vorbildcharakter zu oder suchen ihre historischen Pendants. Das ist an und für sich noch nicht bedenklich, es fordert aber von den Musikerinnen und Musikern Fingerspitzengefühl und verlangt den Fans, also uns, Aufmerksamkeit und Geschichtsbewusstsein ab. Denn vermeintlich unpolitische Mittelalterdarstellungen haben oft durchaus eine politische Konnotation. Im harmlosen Fall ist das „nur" ein Kollateralschaden, der die „gute Story" ermöglicht, im schlechtesten Fall aber sind die Songs politische Propaganda, die uns beeinflussen soll. Problematisch sind besonders Themen, in denen sich das Handeln der historischen Personen oder seine Verarbeitung in älteren Mittelalterdarstellungen nicht ohne weiteres mit heutigen Werten und Normen vereinbaren lässt. Dazu gehören beispielsweise die stereotypen Darstellungen von Geschlechterrollen. Auch eignet sich nicht jede ältere Heldengeschichte für eine Nacherzählung. Besonders heikel wird es bei Mittelalterdarstellungen, die als Bestandteil nationaler Geschichte angesehen wurden (und teils noch werden). Oft erhielten sie ihre maßgebliche Prägung im 19. Jahrhundert und wurden von den Nationalsozialisten oder aktuellen politischen Akteuren weiterentwickelt. Hier hilft oftmals nur der Blick mit der Lupe, um zu erkennen, wo Parallelen zu ideologisch geprägten Geschichtsdarstellungen unglücklicher Zufall sind, der höchstens auf ein mangelndes Problembewusstsein deutet, und wo sie bewusst politisch gezogen werden.

Aber auch ohne diese geschichtspolitische Problematik gilt, dass man besser nicht versuchen sollte, das eigene historische Allgemeinwissen mit den nächsten Alben von Amon Amarth, Grave Digger und Co. auszubauen. Sicher werden Sie sich aber ohnehin schon vor der Lektüre dieses Buchs gedacht haben, dass man sich hüten sollte, das im Metal dargestellte Mittelalter für bare Münze zu nehmen. Eine authentische Mittelalterdarstellung ist schließlich die Absicht der wenigsten Bands. Sie verwenden ein ganzes Repertoire an hör- und sichtbaren Werkzeugen, um eine mittelalterliche Atmosphäre zu erzeugen und eine intensive Story zu erzählen. Mit ihrer Musik zielen sie gleichzeitig auf Emotionen und Verstand ab. Das kann uns regelrecht in den Bann und ins Metal-Mittelalter hineinziehen. Fantastisch, wenn wir die Musik zur Entspannung und Alltagsflucht hören! Gleichzeitig erschwert es jedoch die kritische Auseinandersetzung mit dem Gehörten, die immer wieder sehr wichtig ist. Wenn es uns gelingt, zwischendurch als Fans eine kurze Pause einzulegen, kann es sehr gewinnbringend sein, die Mittelalterkonzepte der Bands näher zu betrachten und zu durchschauen, wie wir es nun gemeinsam getan haben. Denn oft erschließt sich die Botschaft eines Lieds, das Thema eines ganzen Albums oder das Gesamtwerk einer Band erst, wenn wir genau hinschauen.

In manchen Fällen ist es wichtig, die Mittelalterdarstellung zu hinterfragen, um keinen dubiosen weltanschaulichen Botschaften auf dem Leim zu gehen. Ich rate Ihnen, stets kritisch zu bleiben und Ihre eigenen Schlüsse zu ziehen, um solche Botschaften nicht weiterzuverbreiten. Ein näherer Blick auf die Mittelalterdarstellungen im Metal kann aber auch helfen, neue Wertschätzung für die kunstvolle Art zu entwickeln, wie manche Bands verschiedene historische Aspekte untereinander und mit der Gegenwart verknüpfen. So erhält man spannende und wertvolle neue Einsichten und erweitert den eigenen Horizont. Mag es auch ernüchternd sein, wie wenig historisches Mittelalter teilweise im Metal steckt oder wie lieblos mittelalterliche Welten gelegentlich zusammengeklatscht werden: Der genaue Blick ist die Mühe wert, kann man doch in allen Fällen einiges über die Weltsicht der Künstlerinnen und Künstler und über unsere Gegenwart erfahren.

Wer das als unbefriedigend empfindet, sei jedoch getrost: Es bleibt ja noch die Musik, die sehr viel Spaß machen kann – mit oder ohne Mittelalter.

Anmerkungen

1 https://www.wacken.com/de/infos/das-gelaende [alle URLs in diesem Buch wurden zuletzt geprüft am: 25.8.2025].

2 Şebnem Arsu und Maximilian Popp, „Die Türkei steht eindeutig auf der Seite des Westens“, in: Der Spiegel, 11.3.2022, https://www.spiegel.de/ausland/orhan-pamuk-ueber-den-ukraine-krieg-putin-ist-mittelalter-a-88e06305-5a65-403c-ad5f-0d1f6bfdad44.

3 Stefan Aigner, „Ins Mittelalter der Verkehrspolitik“. Protest gegen Millionen-Parkhaus in Regensburg, in: Merkur.de, 21.6.2024, https://www.merkur.de/bayern/regensburg/ins-mittelalter-der-verkehrspolitik-protest-gegen-millionen-parkhaus-in-regensburg-93143753.html.

4 SWR Science Talk, Was können wir vom Mittelalter lernen?, 1.6.2024, in: https://www.swr.de/swrkultur/wissen/was-koennen-wir-vom-mittelalter-lernen-annette-kehnel-science-talk-102.html.

5 Paul de Lagarde, Deutsche Schriften, Band 1, Göttingen 1878, S. 255 [„Eines Mannes…“], 242 [„Naturanlage“]. Groß-/Kleinschreibung des Originals an moderne Orthografie angepasst.

6 Hans Naumann, Kampf wider den undeutschen Geist (1933), zit. nach Otto Gerhard Oexle, Die Moderne und ihr Mittelalter. Eine folgenreiche Problemgeschichte, in: Mittelalter und Moderne. Entdeckung und Rekonstruktion der mittelalterlichen Welt, hg. v. Peter Segl, Sigmaringen 1997, S. 307–364, hier S. 350.

7 Christian Peters: Vom Blutgericht an der Aller zur Einhorninvasion von Dundee: „Dark Medieval Times“ im Heavy Metal, in: Bilder vom Mittelalter. Vorstellungen von einer vergangenen Epoche und ihre Inszenierung in modernen Medien, hg. v. Tobias Enseleit und dems., Münster 2017, S. 171–228, hier S. 187.

8 Matthias Mineur, Wieder auf Kreuzzug, in: Metal Hammer 9/2022, S. 26 f. [Grave Digger]; Jens Peters, Powerwolf. Viva la Vulva, in: RockHard 446/2024, S. 22 f. [Powerwolf].

9 Etwa: Fierce, Bathory: Geschichten aus der Asa Bay Area, in: vampster.com, 24.11.2002, https://vampster.com/interviews/bathory-geschichten-aus-der-asa-bay-area.

10 Der Pohl, Unleashed: Wikinger ohne Wetteifer, in: vampster.com, 6.12.2004, https://vampster.com/interviews/unleashed-wikinger-ohne-wetteifer [Schultz]; für die Ansichten Hedlunds vgl. Chad Hensley, Interview. Unleash-

ed Always Have & Always Will Play Death Metal, in: New Noise Magazine, 18.5.2015, https://newnoisemagazine.com/interviews/interview-unleashed-play-death-metal-2 und Interview: Unleashed – English, in: Acta Infernalis, 5.10.2021, https://actainfernalis.com/2021/11/05/interview-unleashed-english.

11 Vincent Grundke, „Für mich ist das Politik, manche würden das Erpressung schimpfen". Wikinger-Abnerden mit Amon Amarth, in: vice.com, 18.3.2016, in: https://www.vice.com/de/article/interview-amon-amarth-438 [Hegg]; Stefan Hofmann, Nordischer Geschichtsunterricht, in: bloodchamber.de, 5.11.2008, https://www.bloodchamber.de/interview/387-kampfar-nordischer-geschichtsunterricht.html [Spydevold]. Vgl. auch Geork, Kampfar-Interview mit Dolk, 22.7.1999, in: https://vampster.com/interviews/kampfar-interview-mit-dolk.

12 Det som engang Varg, in: Slayer Magazine, Nr. 10 (1994), S. 24–26, hier S. 24.

13 Karl Beckwith, „Black Metal is for white people". Constructs of colour and identity within the Extreme Metal scene, in: M/C Journal 5/3 (2002), https://doi.org/10.5204/mcj.1962.

14 Siehe für die folgenden Abschnitte die Bandbiografien: In Extremo (mit Wolf-Rüdiger Mühlmann), Wir werden niemals knien. Die Geschichte einer unnormalen Band, München 2012 und Subway to Sally, Unsterblich. Die offizielle Biographie, Oberhausen 2012. Auf Einzelnachweise muss aus Platzgründen leider verzichtet werden. Zur Rolle der Inchtabokatables vgl. In Extremo: Mit Leib und Seele im Mittelalter, in: darkscene.at, https://www.darkscene.at/interview/18/in-extremo-mit-leib-und-seele-im-mittelalter; Jürgen Fenske, Subway to Sally und 30 Jahre Bandgeschichte. Bandgründer Michael „Bodenski" Boden blickt in die Vergangenheit, in: metal.de, 17.3.2023, https://www.metal.de/interviews/subway-to-sally-interview-zu-30-jahre-bandgeschichte-476272.

15 Subway to Sally, Unsterblich, S. 97.

16 Zitat: WDR Rockpalast, Subway to Sally im Interview beim Summer Breeze 2019, 9.9.2019, https://www.ardmediathek.de/video/rockpalast/subway-to-sally-im-interview-beim-summer-breeze-2019/wdr/Y3JpZDovL3dkci5kZS9CZWl0cmFnLTIyN2RjMjc4LWJkYmUtNGU0Mi05YTQwLTNhMWI0YzlmZTJmZg, 2:44–3:06; vgl. MDR Kultur, Iron East – Heavy Metal im Osten, Folge 4: Crossover, 3.1.2025, in: https://www.ardaudiothek.de/episode/iron-east-heavy-metal-im-osten/crossover-4-6/mdr-kultur/14025593, 17:40–18:40.

17 Subway to Sally, Unsterblich, S. 99.

18 Vgl. In Extremo, Wir werden niemals knien, S. 27 f. [André Strugala], 134 [Sebastian Oliver Lange]; Georg Weihrauch, In Extremo: Interview mit Yellow Pfeiffer, in: powermetal.de, https://powermetal.de/content/artikel/show-IN_

EXTREMO__Interview_mit_Yellow_Pfeiffer,4840-1.html [Boris Pfeiffer]; Wildwechsel, In Extremo im Interview: Faszination Mittelalter?, in: wildwechsel.de, 11.12.2011, https://www.wildwechsel.de/in-extremo-im-ww-interview-faszination-mittelalter [Kay Lutter]; Darkscene, In Extremo: Mit Leib und Seele im Mittelalter [Michael Rhein]; Pascal Weber, Interview mit In Extremo, in: metal1.info, 24.6.2016, https://www.metal1.info/interviews/in-extremo-3 [Florian Speckardt].

19 Vgl. andreas+eller, Krieg dem Schubladendenken, in: Amboss, https://www.amboss-mag.de/interviews/archivIB/03/subwaytosally.html [Erik-Uwe Hecht]; Kathy Schütte, Subway to Sally: Interview mit Ingo Hampf, in: powermetal.de, https://powermetal.de/content/artikel/show-SUBWAY_TO_SALLY__Interview_mit_Ingo_Hampf,5176-1.html [Ingo Hampf]; Jakob Buhre, Subway to Sally: Wir haben nie ‚Friede-Freude-Eierkuchen'-Musik gemacht, in: Planet Interview, 29.5.2019, in: https://www.planet-interview.de/interviews/subway-to-sally/50851 [Michael Bodenski]; Katrin Riedl, Elementar, in: Metal Hammer 41/2025, S. 48–50, hier S. 49 [Michael Bodenski über *Post Mortem*].

20 Ruth Barratt-Peacock/Ross Hagen, Introduction, in: Medievalism and Metal Music Studies. Throwing Down the Gauntlet, hg. v. dens., Bingley 2019, S. 1–9, hier S. 4 f.

21 Vgl. Jörg Schultz, Subway to Sally. Im Sound der neuen Zeit?, in: Heavy oder was!?, Nr. 68 (2003), S. 34; für die Erläuterungen zu *Bannkreis* und *Hochzeit* vgl. Subway to Sally, Unsterblich, S. 81, 103–106, Zitat S. 103.

22 Sebastian Kessler, Feuerschwanz: „Es war nie Spaß", in: Metal Hammer 7/2023, S. 16–23, hier S. 17.

23 Vgl. Subway to Sally, Unsterblich, S. 68.

24 Kathrin Riedl, Amon Amarth. Per aspera ad astra, in: Metal Hammer 8/2022, S. 18–24, hier S. 23.

25 Vgl. Jörg Schulz, Auf den Spuren alter Sprachen, in: Heavy oder was?!, Nr. 71 (2003), S. 34.

26 Vgl. Darkscene, In Extremo: Mit Leib und Seele im Mittelalter.

27 Interview mit Reamon Bomenbreker von Heidevolk, in: metal1.info, 12.4.2008, https://www.metal1.info/interviews/heidevolk.

28 Vgl. Interview mit Simon Michael von Subway to Sally, in: metal1.info, 28.10.2006, https://www.metal1.info/interviews/subway-to-sally; Subway to Sally, Unsterblich, S. 22.

29 Ebd., S. 56 f.; vgl. Schulz, Auf den Spuren alter Sprachen, S. 34.

30 Vgl. Weihrauch, In Extremo: Interview mit Yellow Pfeiffer; Darkscene, In Extremo: Mit Leib und Seele im Mittelalter.

31 Matthias von Viereck, Subway to Sally: „Mittelalter-Rock steht am Scheideweg", in: laut.de, 1.4.2009, https://www.laut.de/Subway-To-Sally/Interviews/Mittelalter-Rock-steht-am-Scheideweg-01-04-2009-593.

32 In Extremo, Wir werden niemals knien, S. 73 f. [zu Garmarna und dem Streit mit Subway to Sally], 131 f.; Subway to Sally, Unsterblich, S. 56. Zum Hintergrund vgl. Ruth Barratt-Peacock, The Villon That Never Was, in: Medievalism and Metal Music Studies, hg. Barratt-Peacock/Hagen, S. 157–170

33 In Extremo, Wir werden niemals knien, S. 149.

34 Sebastian Kessler, Wir sind so frei, in: Metal Hammer 10/2020, S. 18–24, hier S. 24.

35 Subway to Sally, Unsterblich, S. 58.

36 Subway to Sally, Unsterblich, S. 59.

37 Dennis Diel, Interview mit In Extremo Frontmann Michael Rhein, in: Matapaloz, https://www.matapaloz.com/de/news/interview-mit-in-extremo-frontmann-michael-rhein.html.

38 Thomas Strater, Mehr Feuer, in: Metal Hammer 8/2022, S. 22 f., hier S. 22.

39 In Extremo, Wir werden niemals knien, S. 189.

40 Kathy Schütte, Schandmaul. Interview mit Thomas Lindner, in: powermetal.de, https://powermetal.de/content/artikel/show-SCHANDMAUL__Interview_mit_Thomas_Lindner,5109-1.html [Zugriff: 10.1.2025].

41 Vgl. Metal Injection, Amon Amarth's Johan Hegg Reveals The Truth About 10 Viking Myths, in: YouTube, 18.8.2022, https://www.youtube.com/watch?v=yTQBo3xALYc bzw. Grundke, „Für mich ist das Politik, manche würden das Erpressung schimpfen".

42 Kessler, Wir sind so frei, S. 24.

43 Zit. nach Schulz, Auf den Spuren alter Sprachen, S. 34; vgl. Darkscene, In Extremo: Mit Leib und Seele im Mittelalter.

44 Erstes Zitat: Interview mit Simon Michael, in: metal1.info, 28.10.2006; zweites Zitat: Subway to Sally, Unsterblich, S. 233.

45 Vgl. Riedl, Amon Amarth. Per aspera ad astra, S. 24.

46 Vgl. Jonas Erbas, Amon Amarth. „Ich kann es immer noch nicht fassen, dass ich dafür bezahlt werde, jeden Abend Leute anzubrüllen!", in: metal.de,

25.11.2018, https://www.metal.de/interviews/amon-amarth-interview-mit-johan-hegg-361442/2 [Zugriff: 10.1.2025].

47 Vgl. Riedl, Amon Amarth. Per aspera ad astra, S. 23.

48 Olmo Gölz und Cornelia Bring, Das Heroische und die Gewalt. Überlegungen zur Heroisierung der Gewalttat, ihres Ertragens und ihrer Vermeidung. Einleitung, in: Gewalt und Heldentum, hg. v. dens., Baden-Baden 2020, S. 9–29, Zitat S. 10 – auch zum Folgenden.

49 Im niederländischen Original: „Saksenzonen geven hun leven / En sterven voor het Saksenland".

50 „Liever dood dan slaaf – eer uw voorvaders / Liever dood dan slaaf – blijf uw broeders trouw / Liever dood dan slaaf – eer uw vaderland / Liever dood dan slaaf – blijf de goden trouw."

51 Vgl. Angela, Heidevolk: „Was die Leute nicht aus der Geschichte lernen, werden sie selbst wieder falsch machen", in: metal.de, 13.3.2018, https://www.metal.de/interviews/heidevolk-interview-2018-320614/2.

52 Sabaton History, Blood of Bannockburn – Sabaton History 002, in: YouTube, 14.2.2019, https://www.youtube.com/watch?v=pT7rteGNM_A&t=700s, 00:30–00:34.

53 Sabaton History, Blood of Bannockburn, 00:30–00:34, 11:04–11:56.

54 Ebd.

55 Markus Endres, Powerwolf: Interview mit Matthew Greywolf zu „Preachers of the Night", in: metal.de, 25.7.2013, https://www.metal.de/interviews/powerwolf-interview-mit-matthew-greywolf-zu-preachers-of-the-night-54745.

56 Vgl. Klemen Breznikar, Jerusalem / Paul Dean / Interview, in: It's Psychedelic Baby, 29.3.2011, https://www.psychedelicbabymag.com/2011/03/jerusalem-my-interview-with-paul-dean.html.

57 David, Hammerfall Release Parties!, in: metal.de, 26.2.2005, https://www.metal.de/news/hammerfall-release-parties-20994.

58 Florian, Rez. zu Grave Digger – Knights of the Cross, in: metal.de, 20.12.2006, https://www.metal.de/reviews/grave-digger-knights-of-the-cross-7115.

59 David Drenic, Rez. zu Serenity – Lionheart, in: metal.de, 23.10.2017, https://www.metal.de/reviews/serenity-lionheart-293221.

60 Serenity – Lionheart Review, in: Angry Metal Guy, 26.10.2017, https://www.angrymetalguy.com/serenity-lionheart-review; der Rezension folgt: Serenity Join the Crusades: The Lionheart Review, in: The Metal Pigeon, 13.11.2017,

https://www.themetalpigeon.com/2017/11/13/serenity-join-the-crusades-the-lionheart-review.

61 Jens Peters, Grave Digger: Im Namen des Heavy Metal, in: RockHard 423, https://www.rockhard.de/stories/grave-digger-im-namen-des-heavy-metal.

62 Anthalerero, Interview: Serenity – Georg Neuhauser, in: Stormbringer, 4.12.2017, https://www.stormbringer-metal.de/interviews/2026/serenity-georg-neuhauser.

63 Interview mit Chris Boltendahl von Grave Digger, in: metal1.info, 16.2.2007, https://www.metal1.info/interviews/grave-digger-2.

64 Vgl. Peters, Grave Digger: Im Namen des Heavy Metal; Tinu, Grave Digger: Sind keine Erzähler von Geschichten, in: metalfactory.ch, 25.8.2022, https://metalfactory.ch/interviews/grave-digger-sind-kein-geschichten-erzahler; Thomas Meyns, Interview mit Chris Boltendahl von Grave Digger, in: metal1.info, 2.9.2022, in: https://www.metal1.info/interviews/grave-digger-chris.

65 Michael Toscher, Rez. zu Grave Digger – Symbol of Eternity, in: FFM-Rock, 28.8.2022, in: https://www.ffm-rock.de/reviews-interviews/cd-reviews/51779-grave-digger-symbol-of-eternity.html.

66 Joël Eschmann, Idealisierung und Imagination des Kreuzzugsgedankens im 20. Jahrhundert. Wie der Kreuzzugsgedanke in England und Amerika transformiert wurde und im Medium Film als Derivat auftaucht, Wien/Zürich 2019, S. 100.

67 Norbert von Fransecky, Auf Umwegen zurück. Subway to Sally veröffentlichen ihr achtes Studio-Album, in: Musik an sich, https://www.musikansich.de/artikel.php?id=257; vgl. auch Lestat, Interview mit Simon Michael von Subway to Sally, in: bleeding4metal.de, 14.5.2006, https://www.bleeding4metal.de/index.php?show=interview&id=182.

68 In Extremo, Wir werden niemals knien, S. 55.

69 Erbas, Amon Amarth. „Ich kann es immer noch nicht fassen". Ein weiteres Beispiel ist die Sängerin der deutschen Band Varg, Jaqueline Seiler (Künstlername: Fylgja), für die Wikinger und Heidentum ein Sinnbild für Standhaftigkeit und das Leben von Werten („Gemeinschaft, Familie, Ehre und Freiheit") sind, vgl. Metalhead, Varg. Interview – deutsch, in: metal-heads.de, 11.11.2020, https://metal-heads.de/behind-the-scenes/varg-interview-deutsch.

70 Vgl. Riedl, Amon Amarth. Per aspera ad astra, S. 24.

71 Björn Springorum, Hinter den sieben Bergen, Metal Hammer 10/2020, S. 68 f.

72 Kanz-Noz, Bathory. Interview Anno 2003, in: le blog psychopathological, 11.4.2006, http://psychopathological.over-blog.com/article-2411721.html (eigene Übersetzung).

73 Vgl. Voidhanger, Headbanging Lumberjacks. An Interview With Bathory's Quorthon, in: Drunk in a graveyard, 31.5.2017, https://drunkinagraveyard.com/2017/05/31/headbanging-lumberjacks-an-interview-with-bathorys-quorthon.

74 Henri Kramer, Enslaved. Interview mit Grutle Kjellson, in: powermetal.de, https://powermetal.de/content/artikel/show-ENSLAVED__Interview_mit_Grutle_Kjellson,5462-1.html.

75 Hensley, Unleashed, in: New Noise Magazine, 18.5.2015.

76 Stefan Hofmann, Nordischer Geschichtsunterricht, in: bloodchamber.de, 5.11.2008, https://www.bloodchamber.de/interview/387-kampfar-nordischer-geschichtsunterricht.html.

77 Louisa Esch, Skálmöld. „Wir versuchen einfach nur, Musik abzuliefern, die wir mögen und hinter der wir mit Stolz stehen können", in: metal.de, 11.8.2023, https://www.metal.de/interviews/skalmoeld-interview-zu-ydalir-494127.

78 Stefan Wolfsbrunn, XIV Dark Centuries. Heidnischer Metal im Bordrestaurant, in: metal.de, 27.2.2020, https://www.metal.de/interviews/xiv-dark-centuries-im-interview-zu-waldvolk-402788.

79 Georg Schuppener, Rechtsextreme Aneignung und Instrumentalisierung germanischer Mythologie, in: Germanische Mythologie und Rechtsextremismus. Missbrauch einer anderen Welt. Tagung der Nibelungenlied-Gesellschaft Worms e. V. am 22./23. November 2013 in Worms und Osthofen, hg. v. Volker Gallé, Worms 2015, S. 21–31, Zitat S. 28; zum Folgenden: Margot Vogel Campanello, Männlichkeit und Nationalismus. Deutungen der Selbstdarstellung rechtsorientierter junger Erwachsener, Zürich 2015, S. 194–197.

80 Vgl. Sven Bernhard, Bathory. Die Fans sind schuld!, in: Heavy, oder was!? 1/2002, S. 92 f.

81 Vgl. Heidi Skrobanski, Alte neue Werte, in: Metal Hammer 10/2020, S. 78; Matthias Weckmann, Rez. zu Varg, Ewige Wacht, in: Metal Hammer, 13.10.2023, https://www.metal-hammer.de/reviews/varg-ewige-wacht.

82 Vgl. Wolf-Rüdiger Mühlmann, Varg. Lügen, Hetze, Rufmord, in: RockHard Nr. 275, https://www.rockhard.de/stories/varg-luegen-hetze-rufmord.

83 Sebastian Schilling, Rez. zu Varg, Das Ende aller Lügen, in: RockHard Nr. 344, https://www.rockhard.de/reviews/varg-das-ende-aller-luegen; Sebastian Schilling, Varg. Das Spiel mit dem Feuer, in: RockHard Nr. 346, https://www.rockhard.de/stories/varg-das-spiel-mit-dem-feuer.

84 Jan Mohnhaupt, Tiere im Nationalsozialismus, München 2020, S. 34–36, Zitat S. 35 (Goebbels-Zitat S. 34).

85 Die Botschaften zeigten im Jahr 2023 die Ausstellung über skandinavischen Metal „Der harte Norden"; https://www.nordischebotschaften.org/ausstellungen/der-harte-norden-heavy-metal-aus-den-nordischen-l-ndern; vgl. Springorum, Hinter den sieben Bergen, S. 68 f.

86 Zitat: John McKinnell, Both One and Many. Essays on Change and Variety in Late Norse Heathenism, Rom 1994, S. 14 (eigene Übersetzung).

87 Alexandra Michels, Finland's Next Topmodel, in: RockHard 446/2024, S. 44–47, hier S. 44.

88 Kennett Granholm, „Sons of Northern Darkness": Heathen Influences in Black Metal and Neofolk Music, in: Numen 58 (2011), S. 514–544, hier S. 521 f. [„Volksgeist"], 528 f. [Burzum]; zu Enslaved vgl. Kelefa Sanneh, On the Road to Spread the Word of Good, Old-Fashioned Evil, in: New York Times, 8.11.2007, https://www.nytimes.com/2007/11/08/arts/music/08ensl.html.

89 Zit. nach Christine Knust, Historische Realität und Fiktion in Ken Folletts Romanen *Die Säulen der Erde* und *Die Tore der Welt*, in: Rezeptionskulturen. 500 Jahre literarische Mittelalterrezeption zwischen Kanon und Populärkultur, hg. v. Mathias Herweg und Stefan Keppler-Tasaki, Berlin 2012, S. 308–327, hier S. 326.

90 In Extremo, Wir werden niemals knien, S. 73 f.

91 Vgl. ebd., S. 54–58.

92 Vgl. das Statement von „Lasterbalk" unter https://www.saltatio-mortis.com/deutschland-reflex.

93 Berliner Mittelalter-Band. Wie die Legenden von „Guns 'N Roses" zu „In Extremo" kamen, in: B.Z. Online, 26.5.2020, https://www.bz-berlin.de/archiv-artikel/wie-die-legenden-von-gunsn-roses-zu-in-extremo-kamen.

94 Kyle J. Messick, Dani Agcaoili, Hogan Drane und Hope Taylor, Are Heavy Metal Fans Sexist? The Relationship Between Metal Music Depicting Misogynistic Violence and Sexism, in: Metal Music Studies 10 (2024), S. 41–60.

95 Zitate: Bastian, Cradle of Filth. Interview mit Paul Allender, in: metal.de, 11.10.2008, https://www.metal.de/interviews/cradle-of-filth-interview-mit-paul-allender-36929 und Exclusive Interview With Cradle of Filth's Dani Filth, in: MetalSucks, 8.10.2008, in: https://www.metalsucks.net/2008/10/08/exclusive-interview-with-cradle-of-filths-dani-filth.

96 Markus Schleutermann, Rez. zu Subway to Sally – Hochzeit, in: RockHard 142, https://www.rockhard.de/reviews/subway-to-sally-hochzeit.

97 Jürgen Kost, Utopien rückwärts. Grundzüge der Mittelalterrezeption in der Literatur des 20. und 21. Jahrhunderts, in: Vom finsteren zum bunten Mittelalter, hg. v. Volker Gallé, Worms 2017, S. 63–74, Zitat S. 70 f.

98 Sven Behrisch, Art. „Trinkspruch, Trinklied“, in: Historisches Wörterbuch der Rhetorik, hg. v. Gert Ueding, Tübingen 2009, Band 9, Sp. 784–786.

99 Oswald von Wolkenstein, Her wiert, uns dürstet also sere, in: Oswald von Wolkenstein: Lieder. Text, Übersetzung, Melodien, Kommentar, hg. v. Horst Brunner und Burghart Wachinger, Berlin/Boston 2024, S. 93 f.

Literaturempfehlungen

Wie in einem Sachbuch üblich, habe ich den Forschungsstand meines Faches, der Geschichtswissenschaft, nach bestem Wissen und Gewissen wiedergegeben und dabei weitgehend auf nähere Verweise verzichtet. Aber selbstverständlich habe ich nicht alles selbst erarbeitet und erforscht. Wer den ein oder anderen Aspekt vertiefen möchte, dem oder der seien folgende Arbeiten ans Herz gelegt.

Kap. 2: An der Geschichtstheke

Zur Entstehung des Begriffs „Mittelalter" und zur historisch-politischen Aufladung der Epoche:

Arnold, Klaus: Das „finstere" Mittelalter. Zur Genese und Phänomenologie eines Fehlurteils, in: Saeculum 32 (1981), S. 287–300.

Gallé, Volker (Hg.), Vom finsteren zum bunten Mittelalter, Worms 2017.

Groebner, Valentin: Das Mittelalter hört nicht auf. Über historisches Erzählen, München 2008.

Oexle, Otto Gerhard: Die Moderne und ihr Mittelalter. Eine folgenreiche Problemgeschichte, in: Mittelalter und Moderne. Entdeckung und Rekonstruktion der mittelalterlichen Welt, hg. v. Peter Segl, Sigmaringen 1997, S. 307–364.

Kap. 3: Am Anfang waren Led Zeppelin

Zur Geschichte des Mittelalters im Metal informieren Simon Maria Hassemer und Christian Peters. Intensiv mit dem Verhältnis von Led Zeppelin zum Mittelalter hat sich Karl Spracklen auseinandergesetzt; zu Led Zeppelin und speziell zum Hintergrund des „Immigrant Song" siehe auch Chris Welch. Einer von vielen Beiträgen zu Richard Wagner und seinem Verhältnis zum Mittelalter ist der von Helmut G. Walther. Über Manowar, Conan den Barbaren und das Mittelalter schreibt Michael Custodis, über die von Varg Vikernes gewünschte Orientierung am Mittelalter Reto Wehrli.

Custodis, Michael: Klassische Musik heute. Eine Spurensuche in der Rockmusik, Bielefeld 2009, bes. S. 27–35.

Hassemer, Simon Maria: Metal-Alter. Zur Rezeption der Vormoderne in Subgenres des Heavy Metals, in: Metal Matters. Heavy Metal als Kultur und Welt, hg. v. Rolf F. Nohr/Herbert Schwaab, Münster 2011, S. 247–261.

Peters, Christian: Vom Blutgericht an der Aller zur Einhorninvasion von Dundee: „Dark Medieval Times" im Heavy Metal, in: Bilder vom Mittelalter. Vorstellungen von einer vergangenen Epoche und ihre Inszenierung in modernen Medien, hg. v. Tobias Enseleit/Christian Peters, Münster 2017, S. 171–228.

Spracklen, Karl: Leisure, Popular Culture and Memory: The Invention of Dark Age Britain, Wales, England, and Middle-Earth in the Songs of Led Zeppelin, in: International Journal of the Sociology of Leisure 1 (2018), S. 139–152.

Walther, Helmut G.: Abschied von der Geschichte und Mythenzauber. Das Mittelalter des 19. Jahrhunderts in Richard Wagners ‚Ring des Nibelungen', in: Mittelalter und Moderne. Entdeckung und Rekonstruktion der mittelalterlichen Welt, hg. v. Peter Segl, Sigmaringen 1997, S. 253–278.

Wehrli, Reto: Verteufelter Heavy Metal. Skandale und Zensur in der neueren Musikgeschichte. 2. Aufl. Münster 2012, bes. S. 734.

Welch, Chris: Led Zeppelin, London 1994, bes. S. 55.

Kap. 4: Das Mittelalter hören

Eine intensive Betrachtung, wie sich das Bild von mittelalterlicher Musik verändert, bietet John Haines, etwas knapper und spezieller ist Robert Braumüller. Wie es dazu kommt, dass sich ein mittelalterliches Lied auch in der Gegenwart großer Beliebtheit erfreut, ist bei Kate Arnold nachzulesen. Wie erkennt man das Mittelalter im Black Metal? Eric Smialek gibt Antworten. Sepultura ist mit Dante XXI nicht die einzige Band, die das Werk des mittelalterlichen Dichters Dante Alighieri aufgegriffen hat. Zu dieser Thematik siehe den Beitrag von Manuel Botero Camacho und Nuria Picón del Campo.

Haines, John: Eight Centuries of Troubadours and Trouvères. The Changing Identity of Medieval Music, Cambridge 2009.

Braumüller, Robert: Die Spuren der Romantik im ‚Neuen Mittelalter', in: Österreichische Musikzeitschrift 67 (2012), S. 39–45.

Arnold, Kate: Pop and the „Palästinalied". A Crusade Song Revived at the Turn of a New Millenium, in: Crusades 22 (2023), S. 115–126.

Smialek, Eric: Getting Medieval: Signifiers of the Middle-Ages in Black Metal Aesthetics, in: Medievalism and Metal Music Studies. Throwing Down the Gauntlet, hg. v. Ruth Barratt-Peacock/Ross Hagen, Bingley 2019, S. 35–55.

Camacho, Manuel Botero/del Campo, Nuria Picón: A Twist in the Song. Retracing Myth and Dante's Poem in Heavy Metal Music, in: Revista Icono 14/15 (2017), S. 166–185.

Kap. 5: Das Mittelalter sehen

Näheres dazu, wie die Integration von mittelalterlicher Ästhetik und Schrift in ein modernes Design funktioniert, ist nachzulesen bei Vitus Vestergaard, Johannes Hellrich und Christoph Rzymski. Zur Herkunft des Corpsepaint siehe Daniel Ekeroth und noch einmal den oben zu Kap. 3 genannten Aufsatz von Simon Maria Hassemer (bes. S. 253 f.).

Ekeroth, Daniel: Schwedischer Death Metal, übers. v. Andreas Diesel, Zeltingen-Rachtig 2009, bes. S. 39–51, 271.

Hellrich, Johannes/Rzymski, Christoph/Vestergaard, Vitus: The Trans-Medial Fight for Glory, in: Medievalism and Metal Music Studies. Throwing Down the Gauntlet, hg. v. Ruth Barratt-Peacock/Ross Hagen, Bingley 2019, S. 13–20.

Vestergaard, Vitus: Blackletter Logotypes and Metal Music, in: Metal Music Studies 2 (2016), S. 109–124.

Vestergaard, Vitus: Medieval Media Transformations and Metal Album Covers, in: Medievalism and Metal Music Studies. Throwing Down the Gauntlet, hg. v. Ruth Barratt-Peacock/Ross Hagen, Bingley 2019, S. 21–34.

Kap. 6: Was ist echt?

Wer sich für die Herkunft des Dualismus von Gut und Böse und dessen Einbindung in den Metal interessiert, findet mehr Details bei Brenda S. Gardenour Walter. Etwas ausführlicher zum Thema der Authentizität: Eva Ulrike Pirker und Mark Rüdiger.

Gardenour Walter, Brenda S.: Black Metal, Forked Tongue. Satanism, Paganism and the Persistence of the Medieval, in: Music at the Extremes. Essays on Sounds Outside the Mainstream, hg. v. Scott A. Wilson, Jefferson 2015, S. 115–128.

Pirker, Eva Ulrike/Rüdiger, Mark: Authentizitätsfiktionen in populären Geschichtskulturen. Annäherungen, in: Echte Geschichte. Authentizitätsfiktionen in populären Geschichtskulturen, hg. von Eva Ulrike Pirker u. a., Bielefeld 2010, S. 11–30.

Kap. 8: Heldentum, Kampf und Krieg

Einen Überblick zur Heldenthematik bieten Olmo Gölz und Cornelia Bring. Zur Verarbeitung von Krieg in der Alten Musik siehe Joachim Steinheuer, zum Nachleben von William Wallace und dessen politischer Vereinnahmung: Richard J. Finlay oder Graeme Morton.

Finlay, Richard J.: The Wallace Cult in the Twentieth Century, in: The Wallace Book, hg. v. Edward J. Cowan, Edinburgh 2007, S. 176–192.

Gölz, Olmo/Bring, Cornelia: Das Heroische und die Gewalt. Überlegungen zur Heroisierung der Gewalttat, ihres Ertragens und ihrer Vermeidung. Einleitung, in: Gewalt und Heldentum, hg. v. dens., Baden-Baden 2020, S. 9–29.

Morton, Graeme: William Wallace. A National Tale, Edinburgh 2014, insb. S. 176–190.

Steinheuer, Joachim: Musikalische Schlachtengemälde und ihre Transformationen in der geistlichen und weltlichen Musik des 16. und 17. Jahrhunderts, in: Krieg. Vergleichende Perspektiven aus Kunst, Musik und Geschichte, hg. v. Cord Arendes/Jörg Peltzer, Heidelberg 2007, S. 133–156.

Kap. 9: Die Kreuzzüge im Metal

Mit dem Nachleben der Kreuzzüge in der Moderne beschäftigt sich:

Eschmann, Joël: Idealisierung und Imagination des Kreuzzugsgedankens im 20. Jahrhundert. Wie der Kreuzzugsgedanke in England und Amerika transformiert wurde und im Medium Film als Derivat auftaucht, Wien/Zürich 2019.

Kap. 10: Wenn zwei oder drei die Edda lesen

Mit dem Verhältnis von nationaler Identität und Metal in Norwegen hat sich Imke von Helden intensiv in ihrer Dissertation auseinandergesetzt, die auch deswegen besonders interessant ist, weil sie für ihre Forschung Bands interviewt hat. Ebenso ausführlich zur Religiosität im Pagan Metal die Dissertation von Serina Heinen. Zur Vereinnahmung der nordischen Mythologie im Rechtsextremismus habe ich außer den in Anm. 79 genannten Titeln noch die Aufsätze von Martin Langebach und Rudolf Simek verwendet. Zur Entstehung der Edda siehe Jan Alexander van Nahl und Anders Winroth. Für die Vielfalt heidnischer Kulte bei den Germanen siehe Stefan Burmeister – auch Simek und Winroth sind hier einschlägig. Zur Gleichsetzung der antiken bzw. frühmittelalterlichen Germanen mit den Deutschen siehe Dieter Mertens und Wilhelm G. Busse. Einen kurzen Überblick über das Verhältnis von Runensteinen und der Christianisierung gibt Anne-Sofie Gräslund. Über die Nutzung von Runen und Thorshämmern im frühen 20. Jahrhundert informiert ein Aufsatz von Susanne Grunwald und Kerstin P. Hoffmann sowie der

Artikel von Ulrich Hunger. Mit der „Wilden Jagd" haben sich Florian Heesch und Reinhard Kopanski intensiv beschäftigt.

Burmeister, Stefan: Germanen? Die Facetten und Probleme eines germanischen Kollektivbegriffs vor dem Hintergrund der bekannten Quellen, in: Germanen. Eine archäologische Bestandsaufnahme, hg. v. Gabriele Uelsberg/Matthias Wemhof, Darmstadt 2020, S. 417–431.

Busse, Wilhelm G.: Jacob Grimms Konstruktion des Mittelalters, in: Mittelalter und Moderne. Entdeckung und Rekonstruktion der mittelalterlichen Welt, hg. v. Peter Segl, Sigmaringen 1997, S. 243–251.

Gräslund, Anne-Sofie: Art. „Die Runensteine und die Christianisierung Skandinaviens", in: Credo. Christianisierung Europas im Mittelalter, Band II: Katalog, hg. v. Christoph Stiegemann/Martin Kroker/Wolfgang Walther, Paderborn 2013, S. 383 f.

Grunwald, Susanne/Hoffmann, Kerstin P.: Wer hat Angst vor dem Germanen? Zum Germanenbild in Archäologie, Gesellschaft und Politik, in: Germanen. Eine archäologische Bestandsaufnahme, hg. v. Gabriele Uelsberg/Matthias Wemhof, Darmstadt 2020, S. 483–503, bes. S. 497.

Heesch, Florian/Kopanski, Reinhard: Klang – Text – Bild. Intermediale Aspekte der Black Metal-Forschung, in: Analyzing Black Metal. Transdisziplinäre Annäherungen an ein düsteres Phänomen der Musikkultur, hg. v. Sarah Chaker/Jakob Schermann/Nikolaus Urbanek, Bielefeld 2018, S. 21–48.

Heinen, Serina: „Odin rules". Religion, Medien und Musik im Pagan Metal, Bielefeld 2017.

Helden, Imke von: Norwegian Native Art. Cultural Identity in Norwegian Metal Music, Wien/Zürich 2017.

Hunger, Ulrich: Art. „Runenkunde", in: Handbuch der völkischen Wissenschaften, hg. v. Michael Fahlbusch/Ingo Haar/Alexander Pinwinkler, Berlin/Boston 2017, S. 1127–1139.

Langebach, Martin: Nordisch-germanische Mythologie im ‚klassischen' Rechtsrock, in: Germanische Mythologie und Rechtsextremismus. Missbrauch einer anderen Welt. Tagung der Nibelungenlied-Gesellschaft Worms e. V. am 22./23. November 2013 in Worms und Osthofen, hg. v. Volker Gallé, Worms 2015, S. 67–82, bes. S. 75 f.

Mertens, Dieter: Mittelalterbilder in der Frühen Neuzeit, in: Die Deutschen und ihr Mittelalter. Themen und Funktionen moderner Geschichtsbilder, hg. v. Gerd Althoff, Darmstadt 1992, S. 29–54, bes. S. 33 f.

Nahl, Jan Alexander van: Snorri Sturlusons Mythologie und die mittelalterliche Theologie, Berlin/Boston 2013, bes. S. 202 f.

Simek, Rudolf: Germanische Mythologie. Forschungsstand und aktuelle Rezeption am Beispiel der rechten Szene, in: Germanische Mythologie und Rechtsextremismus. Missbrauch einer anderen Welt. Tagung der Nibelungenlied-Gesellschaft Worms e. V. am 22./23. November 2013 in Worms und Osthofen, hg. v. Volker Gallé, Worms 2015, S. 33–44, bes. S. 37–39 (germanische Kulte).

Winroth, Anders: Die Wikinger, 3. Aufl., Stuttgart 2018, bes. S. 251 f. (Edda) und S. 265 (germanische Kulte).

Kap. 12: Moderne Gesellschaft im mittelalterlichen Gewand

Die Entstehung der Dreiteilung der mittelalterlichen Gesellschaft und deren Einordnung kann man in diesem nicht ganz einfachen, aber dennoch sehr interessanten Beitrag nachlesen:

Oexle, Otto Gerhard: Die funktionale Dreiteilung als Deutungsschema der sozialen Wirklichkeit in der ständischen Gesellschaft des Mittelalters, in: Ständische Gesellschaft und soziale Mobilität, hg. v. Winfried Schulze, München 1988, S. 19–51.

Kap. 13: Trinken bis zur historischen Bewusstseinslosigkeit

Zu Merkmalen von Trinkliedern knapp und prägnant:

Behrisch, Sven: Art. „Trinkspruch, Trinklied", in: Historisches Wörterbuch der Rhetorik, hg. v. Gert Ueding, Tübingen 2009, Band 9, Sp. 784–786.